U0057953

多元才能
IQ 以外的能力

趙志裕 康螢儀
鄭思雅 ◀著▶ 賀 蓓

作者簡介

趙志裕

學歷：紐約哥倫比亞大學博士

現任：香港大學心理系副教授

香港大學社會科學學院副院長

康螢儀

學歷：紐約哥倫比亞大學博士

現任：香港科技大學社會科學部助理教授

鄭思雅

學歷：香港大學博士

現任：香港科技大學社會科學部助理教授

賀　蓓

學歷：北京師範大學學士

現任：香港大學心理系、協助心理科學研究

孔序

有一天，康螢儀博士送來一本與同事趙志裕、鄭思雅和賀蓓合著的新書《多元才能—IQ 以外的能力》的稿件，她說：「我們一致認為您是為我們這書作序文的最適當人選。」這實在是使我受寵若驚，又是盛情難卻。我好好地花了些時間，把這本書的稿子從頭到尾的讀了一遍。

我畢生從事教育，近來又在分析人性與心理上發表了一些經驗之談，因此，《多元才能—IQ 以外的能力》這本書稿的名字，引起了我很大的興趣。這本書的內容增長了我很多的見識。最沒有想到的感受是，看完這本書稿之後，其中內含與我在生活與事業上的種種經驗，幾乎是處處吻合。

這是一本新書、新意念、新組合、新內容，可是在我閱讀時，卻像是老朋友、老相識一樣，是那麼的不期而遇，又那麼的志同道合。

我個人的生活與經驗是多元的，在地理上，我從亞洲到美洲，從美洲到歐洲，又從美洲回到亞洲，這不能不算多元。從經歷上，從工廠到學府，從研究到行政，從教書到寫作，這也不能不算多元。從我個人多元的經驗上出發，去讀這本多元才能的新書，由分析能力到學習能力，由務實才能到情緒智能，由創造力到意志力，由溝通能力、社交能力以及道德判斷能力，樣樣都覺得很熟悉，好像是在住過的什麼地方，也好像是在成長中的什麼階段，對這本書稿中所敘述的事蹟都曾一一的經歷過，這些經驗告訴我，那都是很務實、很重要的。

作者在這本書的序中說：「這本書能成功付梓，也是一種多元才能的體驗。」因為在撰寫的過程中，要靠分析能力，要用務實能力，要用溝通能力，還要用社交和意志能力，說的不錯。

同樣地，我知道很多在事業上成功的人，靠的也是這多元能力。

我很喜歡這本書的寫作方式，因為作者都是從事教育的，他（她）們知道如何下筆才能有效地傳達他們的思想和信息，所以不但章節分明，內容豐富，而且是定義、解釋、舉例和插圖都用得很恰當，雖然所述涉及古今中外，但處處很能深入淺出，讓人讀來舒適。在這本書中，作者著實達到了他（她）們的目的，那就是從心理學角度，將在現代社會中較為重要的九種才能系統地逐一介紹，以補中文文獻之不足。

謝謝康博士找我寫序，否則，我不會看這本書，不看這本書，我不會知道什麼是多元能力，沒有多元能力，我們都做不出在多方面的成績。對我而言，這是一部遲到了很多年的好書。假若在很多年以前，我能熟讀善用這樣的一本書，就能知道如何去提升自己的能力，那麼，我也許會做得比現在更好。

我不知道這是不是一篇我應該寫的序，可是，這是我看過這本書稿之後想說的，是為序。

孔憲鐸
一九九八年三月九日

自　序

近二十年來，在港、台和不少先進國家，教育專業人士均積極嘗試提升新一代的智能和自尊。可是，同一時間，以香港為例，青少年的學業成績卻每況愈下，情緒困擾與日俱增，而社會意識則日益衰竭。這些現象，可能暗示在個人成長歷程中，除了智能和自尊外，還有其他重要因素是值得我們注意的。

這些現象引發了我們對多元才能的研究興趣。我們自九二年開始對不同生活範疇的能力開始進行研究，而研究結果多刊載於專業雜誌和書籍上，一般讀者認識這些研究的機會甚少。

自九五年開始，在美國的一些心理學者嘗試將有關智商以外的才能向公眾介紹。Danial Goleman 的〈情緒智能〉和 Robert Sternberg 的〈成功智能〉兩書，更引起公眾對多元才能的注意。由於這些書籍多是以外文發表，而且較多集中討論一種或數種智能以外的才能，華人讀者要全面了解多元才能的觀點便比較困難了。因此，我們自去年開始，便計劃撰寫這本書，希望藉此向海內外華人讀者全面介紹多元才能的觀點和我們在這方面的研究成果。幸得台北心理出版社答允出版此書，及吳道愉先生在寫作和出版過程中大力支持，本書才得以問世。我們在此獻出摯誠的謝意。

這本書能成功付梓，也是一種多元才能的體驗。在撰寫過程中，除了要運用我們的分析能力，力求在說理時理暢辭達外，我們還要運用務實能力，在繁忙的工作壓力下安排時間在交稿期限前完成寫作。我們也要運用溝通能力，嘗試將抽象的道理和繁複的論證向讀者簡明地表達出來。由於本書作者共有四位，要合作無間地完成這部書，也是對我們的社交能力的一種考驗。至於要能在漫長的過程中每天孜孜辛勤地寫作，確是對我們的意志力的一種挑戰。

幸好在我們的學習和寫作過程中，一直得到多位前輩老師以身作則地向我們展示了多元才能的意義，激勵我們不斷地提升和發揮自己的才能，才會創造出今天的成果來。這些前輩老師中，值得我們特別致意的是楊中芳老師、李永賢教授、何友暉老師，John Spinks, Carol Dweck, Robert Krauss和Walter Mischel。他們當中，對我們的思想和人生態度影響最深遠的是哥倫比亞大學的Carol Dweck。為此，我們謹將此書獻給她。

風義同途師友間。在寫作過程中，賢棣李秀麗、符可瑩、湯旭瑜、李瓊等給了我們很大的支援和支持。跟他們一起討論問題不單使我們獲益良多，也令我們看到心理學在華人社會中的曙光。

我們也希望多謝香港大學和香港科技大學給我們的支持，特別是香港科技大學副校長孔憲鐸教授不嫌這部書淺陋，慷慨為我們寫序，知遇之情，令我們既感激，亦感動。本書中描述的研究，部分是由大學撥款委員會資助。沒有委員會的撥款支持，本書的創意便一定大打折扣了。

最後，我們在寫作這部書的過程中更深刻地體會到多元才能的重要。我們希望讀者在閱讀這本書後，也有同樣的領悟。

趙志裕
康螢儀
鄭思雅
賀　蓓

目　錄

第1章 多元才能

政治改革家孫中山先生曾指出政治的理想之一，是要做到「人盡其才」，意思是要儘量幫助每個人將潛能發揮出來。

但人的才能有多種，到底那些才能對社會和個人的成長較重要呢？時代環境不同，這問題的答案亦有異。春秋時代，孔子授徒，強調門生要修習禮、樂、射、御、書、數六藝，因為這六藝是君子為君王效力時必須具備的才能。在現代的工商業社會中，孔門六藝可能不再是社會最重視的才能了。近年香港大學進行了一項調查，希望藉此知道大學畢業生的主要僱主認為畢業生應具備那些核心才能，才可以在工作上勝任。調查指出，被訪者認為這些核心才能包括分析能力、創造力、務實才能、社交能力、溝通能力、意志力、和處理情緒的能力（HKU Careers Advisory Board Working Group on Core Competencies for Undergraduates, 1997）。至於情緒智能，在最近兩年間，更廣受大眾注意，它被認為是決定一個人成就的重要因素。

有趣的是，在這眾多才能當中，智能並不特別受看重。在 Daniel Goleman 的〈情緒智能〉一書中，更以〈為什麼它比智商更重要〉為副題，標明情緒智能比智商（IQ）更能準確地預測一個人的成就。耶魯大學教授 Robert Sternberg 的近作〈成功智能〉，書中的其中一部分，更以「人人盤算著智商，但智商卻不足為道」（“

People count IQ, but IQ does not count”）為題，說明智商以外的能力對預測個人成就尤為重要。

受到「情緒智能」一書的啟發，已有不少人同意智商以外的多種才能，是成功的要訣。但在〈情緒智能〉一書問世前，亦有不少人相信一個人的成就有多大，主要決定於他的能力有多高；而一個人的能力有多高，主要決定於他的智商有多高。事實上，在〈情緒智能〉一書出版前不久，一本名為〈鐘弧〉的書一紙風行，暢銷美國，書中倡言智能和智商是成功的主要決定因素，這本書將「智商決定成功」的論點，推至前所未見的極端。

假如打開史籍，讀一讀歷代成功人物的傳記，便可看出智能雖然重要，但仍不足以令一個人有傑出的成就。愛因斯坦是一位傑出的科學家，但他的成就，除了倚仗他的智能外，亦懸繫於他雄奇的創造力。

在這裡，讓我們引述兩個中國歷史故事來說明智商以外的各種才能對成就的貢獻。

* *

東晉名相謝安，在淝水之戰中利用他的務實智能，使他能在戰爭中調度得當，大敗符堅，保住了東晉半壁江山，創下了燿燿生輝的功勳。但最令史家讚歎的是謝安那種處變不驚的風度。〈世說新語〉記載了謝安未出東山襄助東晉前，與孫綽等人泛舟出海，途中突然遇上狂風暴浪，眾人驚駭不已，獨謝安吟嘯自若，氣定神閑。眾人見謝安鎮定有方，便繼續划船。未幾，風更急，浪更大。眾人惶恐失措，謝安則徐徐而道：「再這樣騷動下去，難道真的想葬身怒海嗎？」眾人聞言，才拼力撥轉船頭，努力把船駛回岸上。

令謝安履險如夷正是他那種善於處理情緒的能力。在風急浪作之時，人人自危，驚惶不已，但謝安卻能控制自己的情緒，冷靜地做出決定。同樣地，當敵軍兵陳淝水，朝中百官張惶，有議和的，也有議降的。但謝安沒有因為恐懼而亂了陣腳，反而冷靜地運籌帷幄，結果在戰爭中取得勝利。

*　　　　*

再說唐朝名相高適。他早年已立志在政治上創一番事業。在他的〈別韋參軍〉一詩中，就表明了他二十歲時已立下非凡的志向：「二十解書劍，西游長安城。舉頭望君門，屈指取公卿。」可是五十歲前的高適卻一直不得一伸抱負，長年落魄下層，在封丘縣充當一個職位卑微的縣尉。

但志存高遠的高適卻沒有因此而氣餒。反之，他善於自策自勵。終於在安史之亂後，找到機會向唐玄宗進言。暢析潼關戰役的勝負關鍵。後來又力諫唐玄宗起用宗室諸王掌兵討逆，結果贏得唐肅宗的賞識重用，完成了他的夙願。

在這兩個歷史故事中，謝安的功蹟除了因為他的智能外，也因為他具有過人的情緒智能和務實才能。高適的成就，除了因為他的政治識見外，亦有賴他堅強的意志力。由此可見，除了智能外，要有傑出的成就必須得到其他才能的配合。

在現代生活中，一個智能高的人，如果沒有其他核心能力的配合，也很難完成自己的目標的。就以求學為例：一般來說，一個智能高的人的學業成就應該很大。但在學習過程中，最聰明的人也會遇上挑戰和挫折。如果一個人每遇到挫折便放棄自己的目標，不管他有多聰明，也很難有傑出的成就。在學習過程中，學生常會遇到外來的誘惑，經不起誘惑的人，不管多聰明，做事也可能會半途而廢，不能取得很大的成就。

有鑑於此，我們在本書中向讀者介紹多元才能的概念，並討論如何提升智能以外的能力。我們希望在本書中介紹的知識可以輔助讀者追求自己的理想，完成自己的目標，提升生活水準，並建設一個更有效率更和諧的社會。

第一節　多元才能的意義

我們假設除了智能，還有多種基本能力可以幫助人們提高生活水準，和更有效率地完成個人的生活目標。這些能力包括：

一、分析能力

如何在資料不全的情況下思考一些結構混亂的問題。例如：選擇那一所學校升學？如何判斷一個證人的供辭是否可信？

二、學習能力

如何更有效率地學習？如何激勵自己去學習困難的材料？如何面對學習上的挫折？

三、務實才能

如何決定不同工作的緩急輕重？如何安排時間？如何執行一項決定？

四、創造力

如何創造新思想、新意念、新方法和新科技？

五、情緒智能

如何控制自己的情緒？如何運用情緒的變化輔助自己思考？

六、意志力

如何使自己有恆心地追求目標，令自己能抗拒外來的誘惑，不致半途而廢？

七、溝通能力

如何有效地和別人溝通？

八、社交能力

如何建立和維繫人際間的和諧，並同時達到自己與人交往的目的？

九、道德判斷能力

如何做出公平的道德判斷，令別人心悅誠服，自己問心無愧？

在本書中，我們會將這九種基本能力逐一介紹。我們選擇這九種能力，因為過去的研究顯示這九種能力對一個人的生活水準和成就都有很大的影響。在這裡，我們所指的成就並不局限於在個人事業或財富累積上的成就。每個人都有自己的人生目標，有些人希望能在商業社會中大展拳腳，有些人則像民權領袖馬丁路德・金，希望為人類創造一個更平等公義的社會，亦有些人像德蘭修女一樣，希望能幫助貧窮困苦的人，也有些人最渴望擁有一個美滿的家庭。不管一個人的目標是什麼，只要能不傷害別人，並能有效地完成自己的人生目標，便算是有成就了。

在多元才能的觀點下，個人的基本能力是可以提升的。當然，要提升自己在某一方面的能力，必須有決心，肯努力才會有成果。有了決心和毅力，要是懂得提升這些能力的方法，便事半功倍了。所以在討論每種能力時，我們都用了頗大的篇幅，介紹在心理科學研究中已獲得證實為有效的訓練方法，以供讀者參考。

為方便組織本書的內容，我們在每一章中只集中討論一種基本能力。可是，在現實生活中，每一種能力的發展，均有賴其他能力的輔助。因此，各種能力其實是相輔相成的。譬如，創造力的發展很需要分析能力和意志力的配合；而溝通能力的發展與社交能力和情緒智能也有很密切的關係。在討論某一種能力時，我們也會提及這種能力和其他能力的關係。

多元才能的觀念很著重全人的發展。我們認為人的能力是多種的，而且各種能力對個人成就都有貢獻，而各種能力又是相輔相成的。因此，能力發展的目標是嘗試使每一個人在各種才能都得到發展。我們反對取長補短的觀點，反對因為覺得自己智能不足便放棄鍛練自己的智能，只圖在其他能力上彌補自己在智能上的弱點。

多元才能的觀點鼓勵人們反省自己各方面的能力，辨認出那種能力較弱，從而定下目標將較弱的能力提升。

第二節　多元能力的歷史背景

心理學家很早已注意到能力的培訓。早期的研究焦點在測量和提升學童的智能。智能測驗首先在法國開始。當時一位教育家 Binet 製作了一項智能測驗，用來辨認學習較緩慢的學童，以便及早向他們提供特殊教育。經過多次修改後，心理學家製訂了一些標準化的智能測驗。

智商或 IQ 是一個人在標準化的智能測驗取得的一種標準分數，以常人在測驗的表現為一百分，分數高於一百，表現便較常人好；分數低於一百，表現則較常人差。至於在智能測驗的表現，能否反映一個人在抽象思維上的能力，則仍未有定論。值得注意的是，IQ 是相對於同一年齡界別的人在標準測驗上的平均分和標準差而訂定的。至於平均表現和標準差則需透過隨機抽樣取得很大的樣本作測試才能確立。

早在二十年代初期，哥倫比亞大學教授 Edward Thorndike，已注意到除了智能外，人還有其他能力。他指出智能對抽象思維十分重要，但對人際關係的管理則沒有太大幫助，所以他提出了社交能力的概念（Thorndike, 1920）。可惜由於心理學家一直找不到有效測量社交能力的工具，社交能力的研究到現時還未脫離胚胎階段。

在 1959 年，Guilford 指出智商只能測驗一個人利用知識來解答問題的能力，而不能預測一個人能否辨認出新問題、創造出新意念的能力。Guilford 認為這種創新的能力和智能同樣重要。

在 1983 年，Gardner 首先提出多元智能的概念，指出人具有多種不同的能力，一個人智能高，其他能力未必一定會高。他也指示智能測驗只量度了狹窄的能力，認為智商不能代表一個人各方面的才能。

Thorndike, Guilford 和 Gardner 為多元才能的概念撒下了種子。但這概念尚未紮根，便面臨了一次重大的挑戰。在 1994 年，Richard Herrnstein 及 Charles Murray 出版了名為〈鐘弧〉（“The Bell Curve”）一書。這本書十分暢銷，曾連續多個星期登上了〈紐約時報〉暢銷書籍之列。〈鐘弧〉一書中的主要論點如下：

一、智能是一種單一的能力，有些人的智能較高，有的則較低。

二、一個人有多聰明，可以從他的智商反映出來。

三、專業學院常用智商作錄取學生的標準，政府和工商業機構常用智商作選才的準則。因此，智能無形中成為了社會分流的標準。智能高的人容易進入著名學校就讀，也容易取得優厚和重要的職位。智能低的人成就機會便較少了。

四、在工作上，智能高的人表現較好，而智能低的人工作績效較低。因此智能高的人比智能低的人進陞的機會較多。

五、智能低的人往往會為社會帶來較多的麻煩和損害。譬如，他們較其他人有較高的機會犯罪入獄、吸毒，和面對貧窮。

六、智能是不可改變的。即使經過悉心培訓，也不能提高一個人的智能。

七、智能是可以遺傳的。不同種族的人遺傳基因不同，所以有些種族的人（如亞洲人）比其他種族的人（如非洲人）具有較高的智能。

無疑，〈鐘弧〉一書表達了一種非常強烈的智商決定論，認為一個人天生有多聰明，將來便有多大的成就，不論那人多努力，也改變不了他的智能和成功的機會。

〈鐘弧〉一書馬上引起心理學家的回應。耶魯大學的Robert Sternberg（1995）指出：

㈠心理學研究說明人的能力是多元的，智能只是多種能力的其中一種。

㈡一般人理解的能力，並不局限於狹隘的智商。一般人認為是聰明的人，可能是一個語言能力高的人，也可能是一位很務實能幹的人，或能在社交場合揮灑自如的人，但卻不一定是智商高的人。

㈢機構在選才時，並不單考慮一個人的智能。（事實上，在香港大學進行的調查中，發現大學生的主要僱主在招聘時，會考慮一個人多方面的能力。）

㈣證據顯示：智能在預測工作績效的準確性並不高。要預測工作表現，其他的能力也非常重要。

㈤一個人在社會上的際遇，除了智商外，也受到其他因素影響。譬如在美國，一個智商 100 分的黑人和一個智商 100 分的白人比較，黑人要捱窮的機會是白人的兩倍。由此可知，智能不足以完全解釋社會上貧富懸殊的現象。

㈥證據顯示，智能是可以提升的（Perkins, 1995）。同時，現時並沒有充分證據顯示種族間在智能上的分別是來自遺傳的。

智能決定成就論與多元才能觀對才能的看法十分不同。雖然近代的心理學研究已指出了智能決定成就論的許多缺失，但我們仍不能否定智能也是一種重要的才能。所以在未介紹智能以外的其他能力前，我們先在下一章中向讀者介紹有關智能的心理常識，使讀者更能體會多元才能觀的特色。

社會各界對「多元才能觀」的廣泛認識，始於

Daniel Goleman 在 1995 年出版的〈情緒智能〉一書。在書中，作者引述了大量心理學研究證據，說明一個人的成就，很小部分是受他的智能影響，而較大部分是受他能否駕馭情緒決定。這本書付梓後，馬上引起了很大的迴響，在美國和東南亞，觸發起了一陣情緒智能熱。

翌年，Robert Sternberg 出版了另一本暢銷書，名為〈成功智能〉，書中開宗明義，指出了智能不足以決定成就，並系統地介紹了三種智能以外的能力：分析能力、創造力和務實才能。作者更精要地描述了這三種才能如何影響一個人的成就。

至此，多元才能的觀點已漸趨成熟。在本書中，我們更進一步，將在現代社會中可能較為重要的九種才能系統地逐一介紹。至今為止，關於多元才能的書均是由海外學者撰寫的，雖然譯作也不少，但始終沒有一部專門的著作，能夠綜合中外心理學家就這課題進行研究所得的結果，向華人讀者推介多元才能觀。我們在過去數年亦曾就多元才能進行了一系列的研究，希望藉這本書向讀者介紹我們的研究成果，以補文獻之不足。

第三節　多元才能的啟示

多元才能觀對人們的生活有很大的啟示。我們希望讀者能在以下的章節中慢慢發現這些啟示。近年來，不少人對情緒智能感到興趣，傳播媒體對這課題也很熱心報導。流傳廣了，產生誤解亦在所難免。我們擬在這一節中，就幾種對「情緒智能」的誤解作一些澄清，藉此讓讀者淺嘗「多元才能觀」對人才培訓的意義。

誤解一：智商只能預測個人成就 10-20%的變量，情緒智能則可預測其餘 80-90%的變量。

雖然智商在預測個人成就的能力不高，但情緒智能只能解釋智商解釋不到的變量的其中一部分。才能是多元的，除了智能和情緒智能外，其他才能如創造力、溝通能力、實務才能、意志力等對成就也十分重要。至於情緒智能可以預測成就變量的百分之幾，仍是未知之數。心理學家也沒有必要去確定這百分比。

誤解二：情緒智能比智商重要。

從多元才能的觀點來看，智能和情緒智能誰也不比誰重要。因為智能測驗和一般的學校測驗考試在形式上較相近，所以較能準確地預測學業成績，但對一個人是否善於駕馭情緒，預測能力便不足了。同樣地，情緒智能在情緒範疇上可以發揮的功用較大也較直接，但對學業成績的影響，則比較間接。

誤解三：凡是不能用智商量度的能力便是情緒智能。

近來傳媒和很多人都將智商以外的能力籠統地納入情緒智能的範疇內。其實除了智能和情緒智能外，還有很多其他重要的能力。情緒智能是管轄和調控情緒的能力，把其他如意志力、溝通能力等才能與情緒智能混為一談，犯了概念不清的毛病。

誤解四：情緒智能可以預測成就，如果我知道自己的情緒智能，便可估計未來的成就。

首先，「情緒智能」測驗並不存在。要知道自己的情緒智能有多高，現在還言之過早。更重要的是，我們不應將情緒智能看作為一種評估或用來預測成就的概念。〈情緒智能〉一書的作者希望讀者留意到情緒的調控和疏導，對個人成長有重大意義，並反省自己是否過分重視智能而忽略了情緒的發展。一邊讀這書，一邊評估自己的情緒智能有多高，是把書讀歪了。

同樣地，智能測驗在法國開始時，目標是想辨認學習較緩慢的孩童，以便及早向他們提供特殊教育。後來智能測驗傳到美國，測量成風。使用測驗的人一度沉迷於評估受測者的智能。結果智能測驗一度淪為替歧視偏見推波助瀾的工具。這種偏於評估的取向，是把理弄歪了。

誤解五：一個人的分析能力差不打緊，只要情緒智能高，仍可以有很大的成就。

這觀點只是自欺欺人。要成大器，各種才能必須同時配合，缺一不可。在多元才能的觀點下，成長的目標應是全人發展，多種才能並駕齊驅。每一種才能也有增長的餘地。如果發現自己在某一種才能上比較落後，便應在那方面多下功夫。看到自己分析能力不足，只靠情緒智能來補救，雖然可以得到精神上的勝利，但卻阻慢了個人成長。

誤解六：情緒智能是一種自小便不可改變的定量。

要提升情緒智能的確不是一件容易的事，必須下定決心去改變牢固的世界觀和認識世界的方法，才會有顯著進步。但說情緒智能是不可改變的定量，則未免誇大其辭了。現時心理學家，已辨認出一些可以預測情緒智能的信念，也有研究成功地改變了少數族群的歸因方法，從而使他們更懂得面對挫折。

誤解七：情緒智能是可以培育的，所以應將子女送到情緒智能學校，接受情緒智能教育。

家庭教育在培育情緒智能上扮演著最重要的角色，父母在這方面是責無旁貸的。有些父母以為把子女送到

「情緒智能學校」去，便是盡了培育子女情緒智能的責任，其實他們只是將責任推卸到別處去。這種做法對培養子女的情緒智能不見其利，反見其害。

誤解八：情緒智能是古已有之的老生常談，不值得小題大做。

調節情緒的方法和哲學，教育家曾經討論過，哲學家、宗教家也討論過。在民間智慧中，對情緒智能也有不少精闢的見解。〈中庸〉有云：「喜怒哀樂之未發謂之中，發而皆中節謂之和。」難道不是疏導情緒的大智慧嗎？

心理學以行為科學角度分析情緒發展的方向，當然只能成一家之言，無足居尊。但心理學家對這方面作出的研究努力，卻有助於辨別那些傳統智慧和當時得令的教育思想值得推介，而那些則值得商榷。譬如受行為主義影響的教育哲學，認為應將複雜的學問分割為簡單的課程，確保學生能順利完成每一程序，獲得獎勵，並藉此提高學生的自信心和心理健康。但在這種教育哲學盛行之世，青少年的情緒問題卻日益嚴重，抑鬱自殺的個案日增。為什麼在強調獎勵與建立自信心的學習環境下，學生更容易受情緒困擾呢？

一些研究情緒智能的心理學家鼓勵教師們作以下的

反省：把複雜的學問分割為簡單的程序，學生會否覺得學習是沉悶和欠缺挑戰？當每位學生都得到師長的獎勵時，學生是否仍會覺得獎勵有意義？在獎勵和嘉許中成長的學生，很少遇到困難和挫折。當他們受挫時，是否懂得處理自己的情緒呢？老師是否應改變他們的教學方法，多給一些稍稍超出學生現時能力水平的功課，並誨導他們面對挫折和克服困難的方法？

因此，我們相信，有關多元才能的心理學研究是可以為教育和個人成長提供反思的素材的。我們也希望透過釐清一些混淆的概念，令讀者對自己各方面的才能，作更深入的思考。

第2章 智　能

亞明神情呆滯，他衣不稱身，蜷縮著短胖的身驅在報紙攤檔內納悶。現在雖然是上班的時間，但他的生意卻寥寥可數。

亞明雖然被診斷為弱智，但他卻很固執，不願依靠別人。幾經波折，在別人的幫忙下，才租到了一個報紙攤，以賣報紙為生。他一直不肯給顧客找零錢，一定要顧客付上一個兩元硬幣或兩個一元硬幣。一般顧客有零錢，也不覺太麻煩。那時，亞明的生意還不錯。可是，後來有些報紙漲價了，對於這個新轉變，他不知怎樣應付。他再不可單靠收取一個兩元硬幣或兩個一元硬幣的方法來經營。而且每當顧客給他五元或十元時，他便應付不來，很多時候甚至會對顧客發脾氣。因此，他的生意便每況愈下。

亞明與一般具有正常智能的人有什麼不同呢？要回答這個問題，便要先了解智能的本質。

第一節　什麼是智能？

當問及智能是什麼時，很多人可能會想到 IQ（Intelligence Quotient 或智能商數），甚至把智能視同為 IQ。在日常用語中，這可能已被接受了，不會造成溝通上的誤解。但在心理學研究中，智能和 IQ 是兩個相關但卻不相同的概念。以下，我們會先介紹智能的本質，然後再討論它與 IQ 的關係。

對智能的本質，不同學者有不同的看法。在心理學的歷史上，曾出現兩次有名的討論。第一次是在 1921 年舉行的學術會議，與會的主要是教育心理學者。會議議題是智能的定義和它的測量。會上發表的論文後來被輯錄在〈教育心理學報〉（ Journal of Educational Psychology ）裏。

早期的學者對智能有以下的定義：

- Binet 與 Simon——智能是判斷、理解及推理的能力。
- Terman——智能是產生和掌握概念的能力。
- Pintner——智能是個人適應新環境的能力。
- Thorndike——智能是根據真相及事實做行動決定的能力。
- Spearmen——智能主要是由一種被稱為 g 的能力所構成。g 所指的是理解不同事物間關係的能力。

相隔了半個世紀多，Robert Sternberg 和 Douglas Detterman 邀請了一批有名的學者，就智能的定義著文闡釋。

參加第二次討論的學者除了教育心理學家外，還有認知心理學家、社會心理學家及遺傳學家等。他們發表的文章後來被輯錄在 Sternberg 與 Detterman（ 1986 ）所編的〈什麼是智能〉（ What is intelligence? ）一書中。

這群學者在書中提出的定義如下：

- Butterfield——智能是學習的成果。主要來說，智能低較智能高的人：①知識基礎薄弱及欠缺組織力；②慣用較簡單及被動的方式去分析資料；③不了解自己的認知歷程及這些歷程如何受環境影響；④不能有效及靈活地進行思考。
- Gardner——智能是在生活中解決問題的多種能力。其中包括語言、邏輯、數學、音樂、空間推理等能力，也包括洞悉自己及他人情緒及其他心理狀態的能力。
- Sternberg——智能包括認知智能、體驗智能和環境智能。認知智能高的人善於策劃，作邏輯推理和學習新知識；體驗智能高的人能夠應付新事物，並能對經常遇到的事情作自動化和規律化的處理；環境智能高的人能夠適應現實生活，懂得選擇及創造適合自己的環境。

在這兩次討論中，專家提出了多種對智能的定義。一般而言，雖然專家對智能的定義沒有共識，但大部分專家也同意智能是從經驗中學習新知識的能力及適應環境的能力。亞明（這章開首的故事人物）被專家診斷為弱智，原因主要是因為他學習新知識的能力較智能正常的人為低。譬如，一般人很快便可適應報紙漲價對經營方法的影響，但亞明卻缺乏這種適應新環境的能力。

許多早期的專家都認為智能是一種整體性的能力。

這種能力的高低可以在一些測驗顯示出來。我們在下一部分介紹的韋氏智能量表，便是根據這個理念編成的。

後來，很多專家都認為智能是由多種屬於不同範疇的能力所組成。例如，Gardner提出除了語言、邏輯推理的能力以外，智能還包括在音樂、空間認知等各方面的潛能。後期的專家亦認為智能可以在生活上直接觀察到。換言之，智能高的人能適應及創造對個人有利的環境。在面對社會文化和生活的要求時，人們不能單靠語言及邏輯推理等能力，還要懂得策劃行動、分析自己的思考模式，了解自己容易犯錯的地方，從而調節自己的反應。這些對自己思維歷程的分析監察能力統稱為後設認知能力（metacognitive abilities）。Sternberg作了一個很好的比喻，他將一個人比喻為一個國家。後設認知就如管理一個國家的政府，它通過知道自己國家本身的需要、資源及經濟狀況、國際間的形勢來統籌政府各部門的運作。

第二節　什麼是智商？

IQ（Intelligence Quotient或智能商數）是通過測驗量度出來的智能指數。嚴格來說，IQ是受測者在智能測驗上所得的分數，它反映的是受測者在測驗題目上的表現。傳統的 IQ 測驗集中測量語言及邏輯推理能力。在日常生活用語中，許多人已把 IQ 視同了智能。其實正如我們在上一部分所說，許多近期的專家均認為智能是由多種能力組成的，傳統的智能測驗可能不足夠測量智能的各種組成部分，而 IQ 也不能充分地反映一個人智能的全貌。

一 智能商數（IQ）的測量

最早的智能測驗是在本世紀初，由法國一位心理學家 Binet 所製訂。他製訂智能測驗的原意是希望透過測驗，分辨出在學校裏學習較遲緩的學童。希望老師能給予這些學生額外的支援，經過老師的悉心指導，使這些學生將來能重回一般的課堂上課。後來，Binet 的測驗被美國史丹福大學（Stanford University）的學者 Simon 翻譯成英語及加以修訂，編成 Stanford-Binet Intelligence Scale。這測驗在美國被廣泛使用，引起許多學者對智能測驗的興趣。後來美國參與第一次世界大戰，智能測驗及其他心理測驗成為甄別入伍軍人的工具。編製智能測驗及其他心理測驗更成為一門新興的行業，在這時許多心理學研究生，畢業後也投身這個行業。

在 1930 年代編製成的韋氏智能量表（Wechsler Intelligence Scale），也參考了早期的 Stanford-Binet Intelligence Scale。時至今日，韋氏智能量表已經過多次修訂及改良。研究者因應受試者的年紀，分別編製成成人版（Wechsler Adult Intelligence Scale-Revised, WAIS-R）及兒童版（Wechsler Intelligence Scale for Children-Ⅲ, WISC-Ⅲ）的韋氏智能量表。韋氏智能量表也被翻譯成多國語言，經過修訂後的中文版韋氏智能量表在香港也常被採用。

韋氏智能量表有兩大特色：①它用來計算智能商數的方法較其他測驗完善；②整個量表分成語文組及操作組兩個部分，分別測量不同性質的智能。

計算IQ的公式如下：

$$IQ=\frac{\text{受測者的智力年齡}}{\text{受測者的實際年歲}}\times 100$$

用這個公式計算成人的IQ頗為困難，韋氏把公式改良為：

$$IQ=\frac{\text{受測者在測驗中所得的分數}}{\text{與受測者同年齡人士所獲得的平均分數}}\times 100$$

要準確計算出IQ，研究者需要首先邀請一大批不同年齡的人士接受測試，然後根據他們的分數，編定出不同年齡界別人士的常模（norm），亦即是每一年齡界別的人士在量表上所得的平均分和標準差。最後，為了統一計算，分數會再經過標準化（standardization）。每一年齡界別人士的平均分是100，而每一個標準差是15

分。將這些分數換算過來，就有表 2-1 的結果。

表 2-1　IQ 分數的分佈

IQ	在 1000 名同年齡的受測者中，得到這分數的人大約有多少？
145 以上	1 人
130-145	22 人
115-130	136 人
100-115	341 人
85-100	341 人
70-85	136 人
55-70	22 人
55 以下	1 人

根據專家的分類，IQ 低於 70 便是弱智。按以上的換算，一千人當中有 23 人（2.3%）會被評定為弱智。IQ 由 50-55 至大約 70 屬輕度弱智，由 35-40 至 50-55 屬中度弱智，由 20-25 至 35-40 屬嚴重弱智，而 IQ 在 20-25 以下的人，則屬極度弱智。

有些臨床研究發現，被界定為弱智的人較預期的 2.3%為少。在某些樣本裏只有 1%的人被界定為弱智，亦即是在 1000 人裏，平均只有 10 個人的智商是低於 70 分。

量度智能的方法對於許多人來說可能是很神秘的。其實IQ通常是從受測者在一些試題上的答案評定出來的。以韋氏智能量表為例，全卷共分為兩大部分，一部分測量語文能力，而另一部分是測量認知表現（這個部分的測驗通常被稱為操作組測驗）。

══語文測驗包括以下六個量表

一、常識題

有關日常知識和見聞的問題，例如在成人版中：「德國的首都在什麼地方？」；在兒童版中：「小狗有幾條腿？」

二、數字背誦測驗

施測者會讀出一組數字，然後由受測者把數字背誦出來。題目有兩類，有些題目要求受測者順序地把數字背誦出來，而有些題目則要求受測者把數字倒序背誦出來。

三、詞彙測驗

受測者需要解釋一些詞彙的意思，例如：「器重是什麼意思？」

四、算術測驗

考驗受測者在做加減乘除運算的能力，例如：「一家工廠內的工人平均每人每天能製成兩件衣服，要多少工人才能在十天內製成一百件成衣呢？」

五、理解問題測驗

施測者考驗受測者如何理解、分析和處理日常發生的事情。例如：「若你發覺你的鄰家失火，你會怎樣做呢？」

六、找出相同點

受測者需要指出兩件物件或事物相同之處，例如：「花跟草有什麼相同之處？」

━ 認知表現測驗包括以下六個量表

一、圖片補填

受測者需要指出一些圖片中漏畫的部分，如圖 2-1：

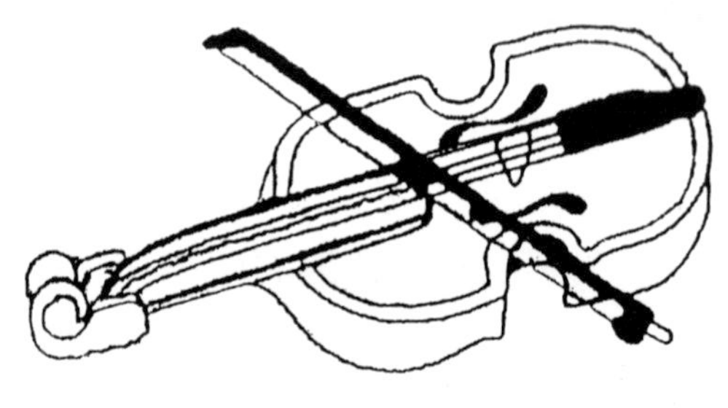

圖 2-1

這幅圖片中缺少了什麼部分？

二、圖片排列

受測者需要把一組圖片排列成一個故事，如圖 2-2：

圖 2-2

三、積木圖案

受測者需要用一些有顏色的積木拼砌成一個圖案。

四、圖畫拼砌

受測者需要將一些紙板拼砌成指定的東西，如圖 2-3：

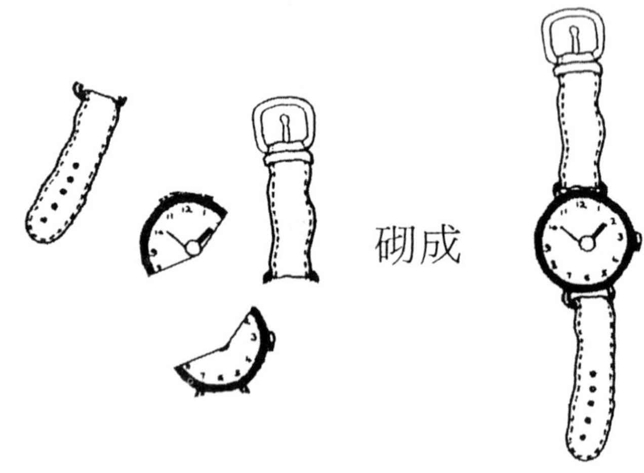

圖 2-3

五、符號填充

受測者需要用符號來作編碼，如圖 2-4：

1	2	3	4	5	6	7	8	9
=	÷	×	⊥	o	∧	¬	∩	┤

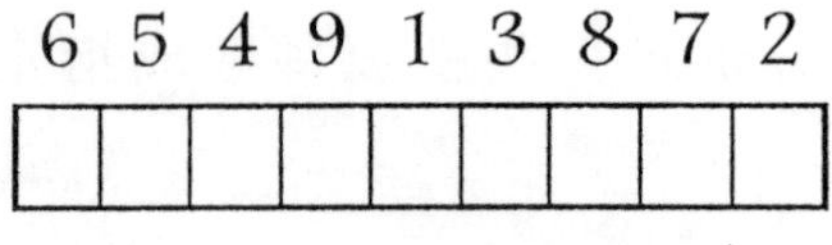

6	5	4	9	1	3	8	7	2

圖 2-4

六、八陣圖／迷宮

受測者需要畫出由迷宮的入口到出口的路線，如圖 2-5（在韋氏智能量表的兒童版有這個量表，但在成人版中卻沒有）。

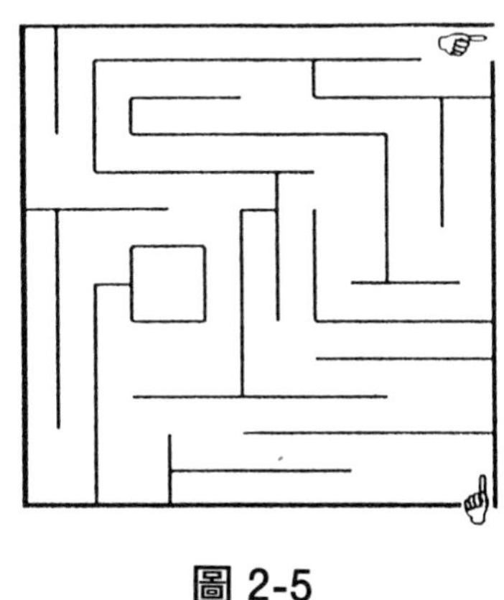

圖 2-5

用受測者在以上十二項測驗所得分數的總和，和同年齡界別的常模比較，便可計算出受測者的智能商數。

通常，心理學家會將受測者在語文測驗及認知表現測驗的得分分開處理。事實上，這兩組測驗測量不同類型的智能。語文組題目主要是測試人們從學習累積下來的知識，心理學家 Raymond Cattell 稱這類智能為固態智能（crystallized intelligence）；認知表現題目主要是測量人們能否有效及快捷地解決問題，所以回答問題時所需的時間也會用作評定的標準。Cattell 稱這種能力為液態智能（fluid Intelligence）。雖然一般人在兩組題目上的分數不會相距很遠，但也有少數受測者在兩組題目上的得分差距很大。遇上這種情況，心理學家會進一步跟進這些個案。

━評論

IQ 是一個相對的分數。舉例說，如果一個人的得分較在同文化中大部分的同齡人士高，他的 IQ 分數可能高於 130。可是，如果他以後沒有學習到新的東西，而其他人卻學會了許多新的東西，就算他在智商測驗上的表現跟以前差不多，由於其他人的表現比從前好了，相比之下，這個人的表現可能只是很普通。這時，這人的 IQ 分數便會在 100 分左右。古人說，求學如「逆水行舟，不進則退。」IQ 測驗也是本著這種精神。兒童學習知識的速率高，這種「不進則退」的現象也較常出現在他們身上。在成人中這種現象則不常出現。

IQ 測驗通常較偏重測試語言及邏輯推理能力，而忽略了智能的其他成分。而且，試題的內容往往跟學校的課程重疊。所以沒有受過正規教育的人在接受智商測驗時會比較吃虧。由於他們不熟悉試題，表現便不及同年齡的人了。同樣地，大部分智能測驗也是在美國編製。

因此，題目往往涉及對美國文化的了解，不熟悉美國文化的人在受測時常會摸不著頭緒。在本世紀初，許多美國的新移民，在未獲准進入美國本土時，需要在Ellis Island（位於紐約的一個小島）上接受傳染病及智能檢查。由於他們之中許多人並不認識美國文化，有些人甚至不懂英文，在接受IQ測試時，得分極低，因而被檢查官指為弱智。這段歷史故事顯示了IQ測驗的漏洞。

許多心理學家也注意到這個漏洞，於是提出了一些解決的方法。例如，他們嘗試修訂翻譯過來的智能測驗，以切合本土文化的背景。有些心理學家還重新編製了適用於本土的智能測驗，以填補以上的漏洞。例如，台灣的心理學者便製訂了〈中華智能測驗〉。

一般人很少有機會接觸到智能測驗。根據專業守則，心理學家是不可以把智能測驗的題目向外公開的。讀者在前頁看到的例題，也只是模擬題，並不是真正的題目。智能測驗也不是可以隨便買到的。一般出版商也會要求購買者出示認可單位的專業資格證明文件才會出售測驗。

心理學家為什麼要限制測驗的流通呢？主要的原因是怕試題洩漏後，人們便可背誦標準答案來回答問題，那時測驗便失效了。再者，一些人知道題目後，更可以教授或出版試題謀利。所以心理學家便需要盡量將試題保密。

但另一方面，這種做法卻減少了公眾接觸智商測驗的機會，使他們對測驗感到很神秘。在這種缺乏了解的情況下，往往高估了智商測驗的預測能力。許多「望子成龍」的父母以各種方法讓子女接受智力測驗，以釐定子女智商的高低。這些父母雖然用心良苦，可是，究竟智能的高低是否與一個人的實際成就有關呢？這些父母有沒有白費心力呢？

第三節　智能與個人成就的關係

1996 年，十一位美國學者應美國心理學家協會的邀請組成了一個專家小組，去回顧及總結歷來對智能及 IQ 研究的結果。他們的報告發表在〈美國心理學者〉（American Psychologist）中，這是繼 1921 年及 1986 年以來有關智能及 IQ 研究最具權威性的專家報告。

這份報告總結了智力商數和個人成就間的關係的研究發現。這些研究大部分採用了相關研究方法。在這些研究裏，智力商數及個人成就間的關係通常會用一個相關係數 r 來代表。當 r 數值在 0 至 1 之間時，代表了智力商數與個人成就有正相關。換言之，IQ 愈高，個人成就愈大。當 r 的數值愈大時，這種關係便愈強。當 r 值趨近 0 時，兩者間的相關便很弱，甚至是沒有相關。當 r 值是負數的時候（介於 -1 至 0 之間），便代表了兩者間的關係是反向的，亦即是 IQ 愈大，成就愈低。

━━ 智力商數與成就間的主要關係如下

一、IQ 與學校成績的相關大約是 r=.50

換言之，智力商數只能夠解釋到兩成半（25%）的成績變化，其餘七成半，可能是跟其他因素（例如學生的學習熱誠及耐力、對學習的興趣、老師的教學方法，以及父母的教養方法）有關。

二、IQ 與教育水平的相關大約是 r=.55

通常智能商數較高的人，能夠完成大學或研究院課程的機會也較高。這可能是因為 IQ 較高的人，成績也較理想，有了好的成績，便有更大的機會考進大學或研究院就讀。但儘管是這樣，教育水平的高低有大約七成是決定於其他因素。例如，如果父母的教育水平高，子女的教育水平也很可能會較高。

三、IQ 與個人社會地位的相關大約是 r=.50，而與個人收入的相關大約是 r=.40

這些相關跟學校成績及教育水平的相關強度差不

多，可能是因為通常要晉身一些社會地位及收入較高的行業（例如醫生、律師、工程師等），也要完成專業課程。要被這些課程錄取，又非有卓越的成績不可。所以IQ與社會地位及收入的相關，可能是透過它與成績及教育水平的相關而形成。其實，即使知道一個小孩子的IQ，也很難預測他將來的成就有多大。IQ相同的兒童，由於很多複雜因素，將來可能投身不同的行業和有不同程度的成就。

四、IQ與工作表現的關係大約在r=.30與.54之間

換言之，IQ分數只可解釋到大約一成至三成的工作表現，亦即是員工工作表現的優劣大部分取決於其他因素，例如處理人際關係及與人溝通的技巧等。有些研究者認為工作表現與務實才能（practical intelligence）的關係密切。這說明了要預測一個人的工作表現，單靠量度他們的IQ可能是不足夠的。

總括來說，大部分研究都發現IQ與學校成績、教育水平及社會地位有相當高的相關。有些學者認為有些IQ測驗的內容與學校考試的內容非常相似，例如兩者都有測試學生語文能力及運算能力的部分。所以，IQ測驗與學校成績有較高的相關並不足為奇。甚至有學者認為出身在書香世家的孩子，從小便受父母家人的薰陶，經過

家人悉心的指導，成績自然會比其他孩子好；同樣地，出身於富有家庭的孩子，可能較其他孩子有較多資源，和較多接受高等教育的機會，將來晉身專業或取得高職的機會也較多。因此，IQ、成績和成就間的關係可能是透過父母教育及家庭背景形成的。誠然，IQ 高的人可能較 IQ 低的人容易被名校錄取，晉身大機構。但要出人頭地，單憑 IQ 可能還不夠。

第四節　智能是否可以增進？

有些人認為智能是遺傳的，所以一個人生下來智能有多高，長大後的智能便有多高，即使努力去提升，也是於事無補的。這種想法是錯誤的，錯在那裏呢？無可否認智能跟其他特徵（例如膚色、體重、樣貌）一樣，受著遺傳基因所影響。但受遺傳影響的特質也是可以改變的。有些研究透過比較孿生子們的智能來計算出遺傳與環境對智能的影響。透過比較一些同卵生遺傳基因完全相同，但卻被不同家庭收養的孿生子的智能，便能知道遺傳對智能的影響有多大。另一方面，透過比較兩個由不同父母所生而被收養在同一家庭的孩子的智能，便可以知道環境對智能的影響。

這些研究發現，總體來說，人們的智能差異有大約五成是受遺傳影響的，而家庭環境只可解釋到兩成半的智能差異。有趣的是，遺傳與環境對不同年齡人士的智能有著不同的影響。對兒童而言，遺傳對智力差異的影響約佔四成半，環境的影響約佔三成半。可是，對成人而言，遺傳的影響佔了七成半，而環境的影響則十分微弱。

為什麼呢？有研究者認為，成年人可主動地選擇所處的環境，甚至改造環境，所以環境對他們的智力發展限制不大，遺傳因素相對地便更能影響他們智力的發展。兒童沒有太大自由去選擇自己所處的環境，他們的智能發展往往是受制於父母及師長為他們所提供的環境。當家庭或學校環境欠佳時，兒童的潛能可能得不到良好的培育，在這種情況下，兒童即使有天賦潛能，也未必可以將它發揮出來。

當然，現今的科技還未能把一些因遺傳基因出了毛病而弱智的兒童（例如患唐氏症，Down's Syndrome 的兒童）變成天才。但有研究顯示，若培養有方，是可以令智能正常的兒童更聰明的。以下便是一些例子。

在 1968 年，美國的一位心理學家 Robert Rosenthal 與一間小學的校長 L. Jacobson 合作研究老師對學生的期望能否影響到學生的智能發展。他們在學年開始時，對學校裏數班的小學生作了一次 IQ 測試。然後研究員把班上一些學生的名字告訴了老師，並向老師解釋說：根據測驗結果，這些學生最具增進 IQ 的潛能。其實這些學生的名字是研究者隨機選出來的。這些學生與其他同學在能力上根本沒有分別。

當學年結束時，研究者返回學校，再對這些學生進行 IQ 測試。結果，被老師認定為較具潛能的學生真的比其他學生有較高的智能增長。為何老師的期望竟能影響學生實際的智能發展呢？

透過在課堂上的觀察，Robert Rosenthal 發現老師在對待他們以為有潛能的學生時往往會較和藹，教導他們多一些東西，給他們多一些機會回答問題。若這些學生答對了問題時，便給他們多一點讚賞。若這些學生答得不對時，便給他們多一點提示。老師也會多花時間去引導他們找出正確的答案。相對之下，在教導其他同學時，老師往往會接受較差的答案，不願意多花時間去引導他們找出正確的答案。Rosenthal 認為老師對學生有不同的期望，於是改變了他們對學生的教導方式。在不同的教導方式下，學生便取得不同程度的智能增長。

David Perkins 在〈Outsmarting IQ〉一書中亦介紹了一些提高兒童智能的課程，其中包括 Reuven Feuerstein 所設計，名為「工具性潤增」（Instrumental Enrichment）的課程，及 Edward de Bono 為「認知研究信託」（Cognitive Research Trust CoRT）設計的課程。這些課程的重點亦在於透過導師的引導，去提高兒童的智能。例如導師會提示學生如何去搜集資料，如何去分析資料，怎樣利用這些資料去解決問題。導師亦會透過不斷向學生提問，教導他們解決問題的步驟。

總括來說，雖然智能受遺傳因子影響，但並不代表後天的培育不能提高智能。智能的培育對兒童尤其重要，父母及師長對此自然是責無旁貸。另外政府對兒童教育的方針亦很重要。例如委內瑞拉政府在1978年下了很大的決心，要提高國民的智力發展。為了達成這個目標，在國內的中、小學裏舉辦了多種提高智能的課程，其中包括剛才提到的工具性潤增、認知研究信託課程，及一個名為委內瑞拉智能計劃（Venezulan Intelligence Project）的課程。研究發現這些課程對提升兒童的智能，有一定程度的幫助。可惜後來因政府的領導人更換了，新的一批領導者對這些課程不太熱心，不再有系統地在國內推行這些課程，致使研究者無法評估這些課程對學童的智能發展的長遠影響，實在可惜。

━━如何提高智能？

David Perkins在〈Outsmarting IQ〉一書中提出了四種提高智能的方法，包括：

一、增進智力強度

人的腦筋和身體一樣，需要多運動，才會強壯。同樣地，透過多思考具挑戰性的問題，便能鍛鍊自己的腦袋，提高智力的強度。

二、改進思考歷程

透過改進思考方式，學習新的思考策略，便能更有效地管理及組織思考歷程。

三、累積專門知識

透過多做事，不斷的學習，便會累積到一些經驗，掌握到一些更能有效地處理事情的竅門。

四、了解自己的心理歷程

要有效地解決問題，便要明白自己的心理歷程。除了明白認知方面的歷程外，還要明瞭自己的習慣、喜好、信念、價值觀，以及這些信念、習慣如何影響自己的處事方法和效率。

第五節　人類IQ正在上升?!

研究顯示，在很多先進國家，人們的IQ有不斷上升的趨勢。James Flynn就發現在這些國家，國民的IQ平均每十年便上升大約3分。即自1940年至今，國民的平均IQ已上升近15分。這個現象被人命名為" Flynn Effect"。

在有些國家中，IQ上升的速率更令人吃驚。例如，由1972至1982的10年間，荷蘭青年人的IQ便上升了近8分（Flynn, 1987）。根據一些資深的教育心理學家的觀察，香港及台灣的兒童的平均IQ分數也在上升。

IQ分數為什麼會上升呢？這仍是一個研究者未能解答的問題。有人認為由於資訊的發達，現代人每天都接觸到很多訊息及新的事物。孩子們平均的上課時間也較以前長了很多。凡此種種，均可使現代人的腦筋比以前的人更複雜。另外亦有人認為現代人豐衣足食，吸取的營養比以前的人多了，所以現代人的腦部發育也較前人為佳。

James Flynn卻不太贊成這些看法，他認為雖然IQ分數上升了，人們的智能並沒有真正地提升。譬如，兒童在學校的成績並沒有相應的提升。另外，他亦指出IQ

高於 140（通常被認為是天才）的人，近年大幅增加到一個令人難以置信的比率。例如，荷蘭在 1952 年只有 0.38％的人的 IQ 分數高於 140 分。但是到 1982 年，卻有 9.12％的人的 IQ 分數高於 140 分。這個比例，意味著每十一個荷蘭人中，就大約有一個人是天才！James Flynn 認為 IQ 分數的增高可能只是反映人們某些抽象分析的能力增強了。所以，現代人在一些量度抽象推理能力的智能測驗（例如 Raven's Progressive Matrices）上，表現確實較以前的人進步了很多。但是，這些進步並不表示國民的整體智能也在增長中。

第六節　亞洲人的智能是否比歐美國家的人高？

近年許多亞洲國家的經濟發展均有驕人的成就，其中以新加坡、南韓、台灣，及香港的成就最為卓越，被人稱為「亞洲四小龍」。有人認為這些成就反映出亞洲人是優秀的族裔。甚至有人認為亞洲國家的經濟成就，反映出亞洲人比歐美國家的人較聰明。

亞洲人的智能是否真的較歐美國家的人高？研究結果卻並不一致。以 IQ 分數作一比較，Lynn（1982）發現日本人的平均 IQ 是 111 分。可是 Flynn（1991）卻估計日本人的實際IQ分數應是介於101至105之間。Stevenson等人（1985）比較了日本、台灣及美國三地的兒童在智能測驗上的表現，發現這三地兒童的智能並沒有顯著的差異。

雖然如此，〈經濟人〉（The Economist）在1997年3月29日報導了最近一次國際數學及科學測驗（The Third International Maths and Science Study）的結果。新加坡、南韓、日本及香港的兒童的數學成績，分別高居世界第一、二、三、四名。而歐美先進國家兒童的成績卻遠遠落後。美國排在第28位，英國在第25位，德國在第23位，法國在第13位，加拿大在第18位。參加這次測驗的國家共有41個，可惜台灣及中國大陸並沒有參加這次測驗。

在美國本土，亞裔人士也有驕人的成就。根據1980年的美國國家普查，有百分之55的美籍華人是管理人員、專業人士或技術人員。同處於這些行業的美籍日本人則有百分之46，而美籍白人卻只有百分之34。

亞洲人的智能並不比歐美人士的智能高，但卻有卓越的成就，正好說明族裔的成就差異並非完全源於智能。Harold Stevenson及James Stigler（1992）就亞洲人出眾的學能表現成因作了深入的研究。他們詳細地比較了台灣、日本及美國三地的小學教育體制、課程內容、父母對子女的教導方法及期望等，發現和美國相比，台灣和日本在以上各方面都有所不同。例如，台灣和日本兒童的父母較注重子女用功學習，認為子女的成績是取決於他們有多努力，而美國兒童的父母卻認為子女的成績好壞是取決於他們有多聰明。這些信念上的差異也影響了這三地的教學方法及課程內容，也可能因此造成了不同的學習風氣，使台、日學童有較佳的學習成績。

若亞洲人出眾的成就並不是因為他們具有較高的智能，而是他們刻苦努力、默默耕耘的結果，那麼亞洲人只要一鬆懈下來，便會失去優勢了。例如，在第三屆國際數學及科學研究中，雖然香港兒童在數學測驗的成績高居第四位，但他們在科學測驗的成績卻遠遠落後，僅佔第 24 位。而新加坡、日本及南韓則分別排列於第一、三及第四位。正打算把經濟轉型到高科技工業的香港，必須加把勁才行。

結語

歷年來，許多心理學家對智能的定義已沒有像早期那樣側重於語文及抽象推理能力。已有較多心理學家開始重視後設認知（metacognition），也有不少心理學家提出智能是包含多種能力的觀點。可是智商測驗仍較著重語文及抽象推理能力的測量。智商的高低雖然可在一定程度上預測人們的學業成績或教育水平，但是縱使智能高，也不一定會有大成就。因此，我們主張用較廣義的多元才能來取替較狹義的智能。要增進下一代的能力，父母師長當然責無旁貸，但政府在制定教育政策時，也要明瞭培養多元能力的重要性，要有長遠的計劃，並下定決心去支持多元才能的培訓。

第3章 學習能力

敏儀在小學時是班上最出眾的孩子，她每次考試都名列前茅。她乖巧伶俐，深得師長寵愛，老師常常以她作其他學生的榜樣。小學畢業後，敏儀考進了一所有名的中學。這所中學對學生的要求也很嚴格，課程的編排也很緊密。敏儀心裏怕落後，所以比以前更努力地溫習。敏儀在中期考試的成績雖然不算太差，但她對自己的成績仍不甚滿意。她每天放學便立刻回家發奮用功，不會像其他同學一樣留在學校裏參加課外活動。終期試到來，她的成績雖然不算差，但也不突出。敏儀因此鬱鬱寡歡，學習對她來說再不是一件樂事。在功課上遇到困難，也不去請教老師，做家課時草草了事。後來敏儀的成績便每況愈下，心情也不像從前那麼開朗，對自己的能力也缺乏信心。

像敏儀這樣的個案，在學校裏屢見不鮮。許多學童，也像敏儀一般，在智能上沒有問題，但在課堂上的學習卻出現困難，成績不如理想。在這一章中，我們會首先向大家介紹一些學習上常見的弊病，然後會討論這些弊病的根源。我們認為大部分的學習弊病都與學童的學習目標和他們所持的信念有關。而且，他們的目標和信念又跟他們所處的社會及家庭環境息息相關。我們會在本章中逐一剖析文化、教學模式和家長對子女的期望等因素對學習能力的影響。最後我們會提出一些提高學生學習能力的方法。

第一節　學習上的毛病

幼兒自出生那天開始，便每天在學習各種技能，由簡單地操控雙手，到站立走動，都經過不斷的學習。一般的小孩，在學習這些基本技能時，都不會出現學習上的弊病。他們往往也鍥而不捨，好像不會因受挫而感到困擾。例如，當小孩學習走路時，步履不穩，經常會跌倒在地上，當跌倒時，或許小孩會哭起來，但很快便會再站起來嘗試走路，完全不會因為剛才的失敗而氣餒。

可是，這種屢敗屢試的精神卻在孩童成長中出現變化。在幼兒院或小學一、二年級時，通常學童會對課堂上的活動很感興趣，對老師教授的課題感到好奇。老師發問時，學童通常也會很踴躍地回答。但數年後，當學童年紀稍長，常會有一些學生在學習上出現弊病，他們似乎對學習失去興趣，上學對他們來說是一件苦事，他們的成績當然也不甚理想。這些學生無心向學，可能是因為他們經不起失敗所帶來的挫折。

美國心理學家 Carol Dweck 在七十年代開始，對學童的學習行為作了有系統的研究。她發現了兩類學習行為模式：第一類稱為學習無助感（learned helplessness pattern）。學習無助的學童在學業上遇挫時，便會較容易責怪自己不夠聰明，容易氣餒，不會鍥而不捨地去解決問題。

第二類的學習模式被稱為學習精進型（mastery-oriented pattern）。屬於這類的學童，遇挫時，會責怪自己沒有盡力或用了不適當的學習方法，而不會因為成績差而認為自己不夠聰明。他們在受挫後會加倍努力去克服困難。例如，參予 Carol Dweck 研究的一位小孩子，在做習作遇到挫折時，便坐起來，把自己的衣袖捲起，然後說：「我真愛挑戰！」接著他抖擻精神，對解決問題更感興趣。

值得注意的是，第一類和第二類的學童在能力上並沒有差別，可是，為什麼他們面對挫折時，會有截然不同的反應呢？Carol Dweck 認為這與學習的動機有關。

第二節　學習動機

一學習目標

Carol Dweck 認為要了解學童受挫後的反應，必定要了解他們在學習時追求的目標。她發現學生求學的目標可簡略地分成兩大類：第一類乃是透過學習來表現自己的智能，她稱這種動機為表現目標（performance goal），抱著這種目標的學生，往往會利用考試的成績來衡量自己的能力。Elliott與Dweck（1988）發現追求這種目標的學生遇到挫折時，會較易表現出學習無助的反應，他們會認為受挫是因為自己沒有能力、不夠別人聰明。因此，他們較容易意志消沉。

希望表現自己能力的學生，有時會故意不太盡力溫習，因為他們怕如果盡了力成績還是不佳，便更顯出自己智能不及別人了。若不努力溫習，成績不好，仍可為自己辯護，說自己不是不聰明，只是未盡全力而已。若未盡力還取得好的成績，便證明自己很聰明，不用讀書便可取得好成績。這種想法，對學習自然有害無益。

第二類學生求學是為了要增進自己的能力。Carol Dweck稱這類求學目標為學習目標（learning goal）。這類學生不將考試視為表現自己智能的機會。對他們來說，成績只反映當時能力的高低或學習的效率。追求學習目標的人，當考試成績不如理想時，便會更積極奮鬥，鍥而不捨地面對困難。

表3-1列出了追求以上兩類目標的學生在遇到挫折時的反應。

表 3-1

表現目標	學習目標
1.把失敗歸咎於自己沒有能力，認為就算加倍努力，亦不會有進步。	認為失敗是因為自己不夠用功，他們認為努力學習，便能提高自己的能力。
2.認為真正聰明的人是不需要太用功，便能取得好的成績；愈需要用功，便愈顯得一個人不夠聰明。在這種想法下，努力學習與求學的目標出現矛盾，學生可能因此故意疏懶。	努力溫習與求學的目標相符合，所以不需故意疏於學習。
3.因憂慮自己的成績，注意力便不能集中在學習上。	注意力能集中在學習上。
4.憂慮及挫敗感使精神難以集中，絕望的心情可能會使他們放棄及逃避學習。	盡情投入學習。
5.不能在學習本身取得滿足感，所以缺乏克服困難的持久力。	能從努力面對挑戰中獲得滿足感，所以更能自發持久地面對困難。

— 對智能的信念

為什麼有些學生會為了表現自己的智能而求學，而另一些學生卻為了提升自己的能力而求學呢？Mary Bandura 及 Carol Dweck（1985）發覺求學目標和對智能的理解有密切關係。為了表現自己的能力而求學的學生較多認為智能是不可改變的定量。他們較多認為雖然可以透過學習學會新的東西，卻改變不了基本智能。這種對智能的看法視智能為一個固定不變的實體，故被稱為實體論（entity theory）。

另一方面，Bandura 與 Dweck（1985）發覺為增進自己能力而求學的學童，較多認為智能是可以改變，並能透過學習來提升的。因此，智能不是一種固定不變的東西。這種對智能的看法被稱為增長論（incremental theory）。

後來，Hong, Chiu, Dweck, Lin 與 Wan（1997）更進一步證實了持實體論和增長論的學生會用不同的方法來解析自己為什麼會遇挫。認為智能不可改變的大學生，在遇挫（例如考試不及格）時，往往會覺得表現差是因為自己不聰明。他們一方面相信智能是不可改變的，另一方面在遇挫時會將責任推到自己的能力上。因此，在他們眼中，即使努力也不能扭轉敗局了。所以他們較容易感到絕望，不願繼續嘗試去克服困難。即使為他們提供補充練習，他們亦認為練習只能提高他們的表現，不可改變自己的能力，治標不治本，所以也不會積極參與。

當一位認為智能是可以改變的大學生遇到挫折時，他不會像持實體論的學生那樣重視評估自己的能力。對他來說，智能既然可以改變，評估自己現時的能力也沒有重大的意義。反之，他會較重視自己有沒有用功學習，學習的方法是否適當。因此，在遇挫時，他會反省自己是否疏於學習。若發現自己未盡全力，便會對症下藥，加倍努力，藉此提升自己的智能，創造更好的成績。有了這種想法，便更能積極地面對挫折了。

━━小結

總括來說，研究顯示對智能的看法和求學的目標均可以預測學習的效率和在遇挫時的反應。表 3-2 總結了三者間的關係。人在學習時常會遇到挫折。要在受挫後仍能保持積極、不氣餒、不自暴自棄，便要在做學問時不求表現自己的才智，只求增廣自己的見識，不要認為智能是不可改變的實體，並應努力嘗試提升自己的能力。

表 3-2

信念	學習目標	行爲模式
實體論 （智能是不變的）	表現目標 （求學的目標是爲了表現出自己的智能及避免暴露自己能力上的弱點。）	學習無助型 （逃避挑戰，缺乏克服困難的耐力。）
增長論 （智能是可變的）	學習目標 （求學的目標是爲了提升自己的能力。）	學習精進型 （積極面對挑戰，遇到困難時亦能努力不懈。）

在第二章中我們曾探討心理學家們對智能的本質的一些理論。有趣的是，有些理論家認為智能是固定不變的，而另一些則相信智能是可以改變的。提出這兩種不同理論的學者，亦如學生們一般，對智能的研究抱持著不同的目標。認為智能不可改變的學者，多把精力集中於智能的量度上，專注於編製測驗智商的量表，認為智商能有效地預測受測者將來的成就。可是，提出智能是可以改變的學者，便質疑智商測驗的用途。他們多專注於研究智能發展的歷程，認為智商只反映一些狹窄的能力，並相信一個人的成就是決定於多種可以培養的能力。

第三節　求學動機的來源

Edward Deci與Richard Ryan（1980）認為學習本來是一種人類與生俱來的自發行為。小孩子常對周遭事物產生濃厚的興趣，會不斷向別人查根問底。他們亦愛探索周圍環境的事物。Deci和Ryan認為這種學習動機是自發的，是一種人類發揮自主本能的表現，他們稱這種動機為內在動機（intrinsic motivation）。在這種動機驅使下，人們會感到學習本身是一種樂趣，即使學習的結果不能為個人帶來獎賞，也能持久地努力學習。

如果對成績好的學生給予獎賞，便會誘發外在的學習動機（extrinsic motivation）。在這種動機下，學生沒有獎賞，便不願努力學習，因而失去了參與學習或工作的自主性和削弱學習的內在動機。

為探討內在和外在動機對學習的影響，Edward Deci作了一系列的實驗。參予研究的大學生會個別來到實驗室，研究員先請他們解答一些有趣的難題。在開始之前，研究員告訴一半的受試者，他們答對的問題愈多，便會得到愈多賞金。對另外一半的受試者，研究員則沒有提及獎賞的事。事後，研究員多給受試者一些空閑時間，讓他們自由活動，他們可選擇繼續解答那些難題或從事其他活動。從受試者會否在空閑時間內主動解答難題，便可知道他們是否有參與這活動的內在動機。

結果，在自由時間內，沒有獎賞的學生較有獎賞的學生花了更多時間解答難題，也更覺得解答難題有趣。這樣看來，內在動機較能在沒有獎賞的情況下被誘發出來。（稍後，我們會更詳細討論獎賞在學習上的功用。）

後來Deci與他的同事更把研究推展到學校裏。他們觀察了四間小學裏的六百多名四、五、六年級學生。量度了學童在課堂上的內在學習動機。譬如，他們測量學童喜歡接受挑戰還是會逃避挑戰，對新事物有好奇心還是寧願選擇學習較熟識的材料，及喜歡自己獨立嘗試解答問題還是依靠老師的指導。

另一方面，研究員亦量度了老師的教學方式。在學校裡，有些老師會過分限制學生的學習方法，先決定那些是正確的學習方法，然後要學生依循這些方法學習；如果學生不肯依循，便要受罰。有些老師比較注重教導學生那些是應該做的行為，使違逆的學生感到內疚，藉此以較間接的方法來控制學生。最後，有些老師會運用較開放的教學方式，不會告訴學生應該做什麼事。他們容許學生主動地學習，並引導他們為自己的學習負責任。

研究員發現老師的教學模式與內在學習動機有很強

的相關。對學生的學習控制愈嚴的教師，他們的學生對學習便愈缺乏內在動機。這些學生傾向逃避挑戰，寧願選擇熟識的學習材料，及喜歡依靠老師的指導。愈是容許學生自主地學習的老師，他們的學生對學習便愈有內在動機。這些學生較喜歡接受挑戰，對新事物較有好奇心，及較喜歡自己獨立嘗試解決問題（Deci & Ryan, 1985）。

這些研究結果在美國教育界引起了很大的回應，促成了在教學模式上的變革。以前老師較強調學生被動地遵從老師的指導學習。現在，大多數的老師均注重教導學生自主學習的重要，所以不會硬性地將課程內容和進度強加於每一個學生的身上。老師的角色再不是單向的知識傳遞者，而是學習引導者。有些教育學者，甚至認為老師愈少給予學生指導愈好，並應把學習的責任全權交給學生。這種教育方式與現時中國社會（包括中國大陸、香港、台灣）和其他亞洲國家的教學模式大相逕庭。在中國社會中，老師主要仍是扮演著單向知識傳遞者的角色。這種教學方法有沒有削弱了中國學生的內在學習動機呢？

第四節　中國學生的學習模式

課室內一排一排的學生面向著教壇，肅靜地抄寫老師正在黑板上列出解答數學難題的步驟。另一班學生在隔鄰的課室內默寫上星期學的一章古文。

這些上課情況，在中、港、台和許多其他亞洲國家的中、小學屢見不鮮。在不少中國社會的課堂內，教師主要的職責是傳遞知識。而背誦則是不可缺少的學習方法。古代中國老師在教學時佔著主導的地位，學生必須將四書五經唸得滾瓜爛熟。這種對背誦的重視，流傳至今。西方學者向來認為死記硬背（rote learning）的學習方法，會導致學習流於表面化（surface learning），學生們只顧牢記資料來應付考試或測驗，對資料未必有深入的理解。學生也通常因此對學習感到沉悶，但為了取得文憑，也只好熬下去。

中國學生的學習方式與西方提倡的深化學習（deep learning）背道而馳。深化學習重視對資料融會貫通。研究者（Marton & Saljo, 1976）認為深化學習可以幫助學生建立更好的知識根基及抽象思維的基礎，並能激勵學生自發地透過閱讀主動追尋知識。

雖然如此，中國學生及其他亞洲國家的學生在學業成績上卻有驕人的成就，有時甚至比歐美先進國家的學生更為優秀。例如，我們在第二章提到，新加坡、南韓、日本及香港的學生分別在國際數學測驗（Third International Maths and Science Study）中名列頭四名，而美國、英國、德國的學生卻遠遠落後，分別名列第28名、25名及第23名。這個看似矛盾的現象令很多教育學者大惑不解。

John Biggs的研究結果或可打開這個謎。在1991年，他訪問了大約二千名香港及澳洲的大學生。研究發現，香港學生竟比澳洲學生採用較多深化學習，而且香港學生常把深化學習方式與強記學習方法結合起來。他們常把資料牢記下來，當以後需要運用學過的概念來理解新課題時，便從記憶中尋回以前學過的概念，來幫助理解新課題。這類學習方式被稱為強記貫通（deep memorizing）。所謂強記貫通，是指以化整為零的學習方式，把資料分成細小的單元，通過記憶及了解把各單元逐一學會。因此，對於中國學生來說，強記與深入理解並沒有矛盾。反而，強記是幫助理解的手段。

背誦資料亦可能是中國學生應付考試的一種策略。當在考試時遇到困難的題目時，若背誦了課文，便可將有關的資料默寫出來，取得一些分數。所以不少中國學生也會採用這種方法。

東西文化間的差異在日本也可以觀察到。Hess與

Azuma（1991）發現日本教師與美國教師的教學方式是不同的。日本教師經常把教學材料複述多遍，直至班上所有學生明白為止。日本老師也常要求學生不停地回答老師發問的問題，直至老師和學生對問題的答案有了共識才結束討論。這兩種教學方式需要學生忍受老師沉悶的複述及漫長的討論，亦需要學生參予集體學習。Hess與Azuma認為這些教學方式能在日本學校裏實行，可能是因為日本文化重視刻苦的美德，父母從小便鍛鍊孩子刻苦忍耐的性格。這種鍛鍊令學生較能接納沉悶的教學模式。反之，美國社會重視訓練孩子的獨立自主性，這種訓練與日本的教學模式格格不入。所以美國社會較需要激勵學生自主學習來提高他們的學習動機，令他們能自發地投入學習。

═小結

文化與學習方法的效用關係密切。被西方學生接受的方法，未必適合於東方學生。中國文化和教育結構重視背誦和基本技巧的訓練，中國學生又較西方學生多花時間在學習之上。這些學習上的特色可能令中國學生更能有效地應付考試，得到比西方學生更好的成績。

可是，隨著社會的變遷，新一代亞洲學生的價值取向可能已與上一代的不同了。刻苦忍耐可能已不是新一代學生認同的價值了。加上新奇的玩意實在非常吸引人，已使不少亞洲學生對課堂學習失去興趣。要避免這種情況惡化，教育工作者再不能墨守成規地面對教學上遇到的挑戰。反之，他們需要多費心思來改進授課的內容和方式，甚至引進電腦科技，令課程更具吸引力。

第五節　如何提升學習才能？

一　獎賞是否有效

行為主義大師 B. F. Skinner 認為獎賞是強化行為的方法。要學生更努力學習，便要獎賞他們的學習行為。這方法表面上看似非常合理，但 Deci 及 Ryan 對此卻作出了嚴厲的批評。他們認為獎勵只能短暫地強化學習行為，實際上它卻把學生自發的內在動機削弱了，令學生將注意力集中於外在的獎賞上。當沒有獎賞時，學生便不會對學習發生興趣，亦不願參與學習。這個現象也不限於物質的獎賞，讚賞學生亦可能造成同樣的惡果。若教師太著重評估學生的學習表現，學生可能會視學習為獲取老師讚賞的工具。這樣，老師的讚賞便掩蓋了學習本身的趣味。

反過來說，獎勵和讚賞也可以激勵學習的動機。讚賞若用得恰當，便能有效助長學生對學習的興趣。研究指出，在施行獎勵時，要注意以下各點，獎勵才可發揮它的功效。

一、讚賞是老師給予學生回饋的一個途徑，藉此告訴學生他們的學習方式是否適當。但老師卻不能捨本逐末，過分重視讚賞，令學生覺得學習只是為了取得老師的稱讚。

二、不要讚賞學生的智能。最近 Mueller 和 Dweck（in press）的研究發現，如果讚賞學生的智能（例如「成績很好，你在這方面一定很有天才。」），學生便會以為成績能顯示他們的智能。這些學生在學習時便更重視表現自己有多聰明。成績不如理想時，便覺得自己不夠聰明，認為自己的能力不能改變，因此不願繼續努力去克服難題，並對學習失去興趣。

三、應該讚賞學生付出的努力。Mueller 和 Dweck（in press）發現讚賞學生付出的努力，較讚賞學生的智能或只讚賞他們的表現更能有效地提高他們面對挫敗的能力。如果學生表現好時，老師便讚賞他們用功，成績差時便得不到稱讚，學生在遇挫時便覺得受挫是因為自己未盡全力。為了取得更好的成績，便會鍥而不捨地嘗試解決困難。

其實，Stevenson 及 Stigler（1992）發現和美國的學

生及他們的母親相比，台灣和日本的學生及他們的母親較少認為學生的能力足以決定學業成績，但卻較多認為努力是爭取好成績的關鍵。東西文化在這觀點上的分歧，或可解釋為什麼台灣和日本的學生會比美國學生有較優秀的成績。

四、許多很聰明的女孩，像我們在這一章開始時描述的敏儀一樣，在小學時的成績很卓越。但後來，她們當中有些卻會在學習上出現學習無助感。這種現象似乎較常在女孩子身上出現，為什麼呢？

Carol Dweck 等人在七十年代進行了一系列的研究去找出這個性別差異的原因（Dweck & Bush, 1976; Dweck, Davidson, Nelson, & Enna, 1978）。他們發現因為一般男孩子比女孩子活潑，在班上較不守秩序，所以在小學時男孩子較常受到老師的責備，但責備通常是針對他們的品德或懶散的學習態度。由於老師針對他們的學習態度，他們便較注意自己在這方面的缺點。在遇到挫折時，常會反省自己是否過於懶散，而不會將失敗歸咎於能力不足。這樣，他們便更能面對挫折了。

相反地，一般女孩子生性較嫻靜，較願意遵從老師的指導。所以在小學時，女孩子較男孩子常受到老師的讚賞，而讚賞的內容經常與他們的能力有關。久而久之，這些女孩子便學會了用自己的能力來解釋自己的學業表現。這種歸因方式使她們日後更難面對挫折和失敗。當他們成績下降時，便會以為自己能力不足，對學習也失去興趣。

這些研究結果值得師長們注意。如果他們給男孩子及女孩子不同的回饋，可能會導致女孩子日後面對學習挫折時較男孩子消極。

━━提高學生的自信心或自尊心有用嗎

透過提高學生的自信心或自尊心，可否增強他們的學習動機，因而令他們獲取更理想的成績呢？許多人都認為可以。在八十年代，美國便廣泛地在學校裏推行提高學生自尊心的計劃。即使學生的成績平庸，老師都會誇讚他們，希望藉此增強他們的自信心。老師也盡量避免批評學生，以免損害他們的自信心。

漸漸地，積分通漲便出現了。即使表現平凡的學生也能取得甲等或乙等的成績。這現象受到很多教育人士的誹議，認為讚賞或「卓越」的成績，已失掉了意義，再不能真正地反映卓越的學習成果。

其實單靠提高學生的自信心，對學習未必有益。Henderson與Dweck（1991）發現，當學生由小學升進初中時，學生在學年初的自信心，並不能預測他們在學年終結時的考試成績。相反地，學生對智能的看法，卻能預測到學生在學年結束時的考試成績。和相信智能可變的學生相比，相信智能不可改變的學生較常用能力的高低來解析成績的優劣，遇挫時較消極和容易放棄，所以成績也較差。

這樣看來，增進學生的自信心可能只是治標不治本的方法。若學生不懂得怎樣面對挫折，克服困難，自信心也會很脆弱，不堪一擊。所以與其為學生提供一個玫瑰園，令他們受到保護，不批評他們不理想的表現，避免讓他們接觸具挑戰性的習作，使他們不會遇上挫折，不如多給他們一些面對挑戰的機會，並訓練他們鍥而不捨的態度。這樣，對提升學生的學習能力，可能更有幫助（Hong, Chiu, & Dweck, 1995）。

結 語

學習是人類與生俱來的能力，在成長過程中，孩童開始相信學業成績可以顯示自己有多聰明，亦可預測自己是否能考進專上學府，將來能否找到好的工作等等。這些外在的考慮，令學生對學習本身失去興趣。本章透過分析學習的動機，希望令讀者能更了解提高學習才能的關鍵。

第4章 分析能力

〈時代週刊〉在1996年初與世界首富Bill Gates做了一個專訪。訪問中Bill Gates談到微軟公司在選才時很重視應徵者的分析能力。在面試時，會問及一些像以下類型的題目：

> 假如你想知道一個紐約市的居民平均要翻多少次電話登記册才可找到某人的電話註册號碼，你會怎樣做呢？

你會怎樣回答這個問題呢？
像以下的生活難題，你又會怎樣回答呢？

> 大衛被兩所大學錄取，一所長春藤聯盟大學和一所私立文科大學。他本來打算到那所較小的文科大學讀書。但是，他決定先親自去這兩所學校看看。
>
> 他不喜歡在那所私立文科大學看到的一些現象。與他見面的幾個人似乎都很冷淡，令人感到不太愉快；與他簡短地會面的一位教授似乎很無禮，對他不感興趣；這所大學的校園給他的感覺也不好。他確實喜歡在那所長春藤聯盟大學所看到的現象：與他見面的幾個人似乎都很活潑、熱情，讓人感到很愉快；他會見了

> 兩位教授，他們對他很感興趣；這所大學的校園也給他留下很好的印象（Nisbett, Krantz, Jepson, & Kunda, 1983）。

他是否應該去那所長春藤聯盟大學讀書？

以上的兩道題目，均需要人們運用分析能力才能解決。

但這些問題和一般測驗智能的題目有什麼不同呢？試將它們和以下一道測驗智能的題目作一比較。

> 有八個乒乓球，其中一個是壞的。你無法從乒乓球的外表和感覺辨認出哪個乒乓球壞了，但你卻知道壞的乒乓球比其他乒乓球重一點。有人給你一個天秤，但卻只讓你使用天秤兩次。在這種情況下，你如何才能辨認出哪個乒乓球是壞的呢？

這道問題和剛才兩道問題看似沒有什麼不同，但其實兩種問題的性質卻有天壤之別。就以選擇學校那道問題為例，與乒乓球那道題目作一比較。選擇學校是日常生活中的一項重要決定，但一般人很少需要在生活中辨認不標準的乒乓球。即使真的要辨認不標準的乒乓球，也絕少會受到限制，只能使用天秤兩次便要把壞球辨認出來。

乒乓球問題缺乏生活基礎，但問題的結構卻十分清晰，一點也不含糊，解決問題所需的資料已完備，正確的答案只有一個，而解答題目的方法也只有一種。要辨認出不標準的乒乓球，首先將三個乒乓球放在天秤的一邊，另外三個球放在另一邊。如果壞球不在這六個球裡，天秤會保持平衡。那麼，只要將剩下來的兩個球分開放在天秤的兩邊，看看那一邊會墜下來，便知道壞球在那裡。要是在第一次使用天秤時，其中一邊墜了下來，壞球便在墜下來的那邊。這時，只要將墜下來那邊的三個球任意取出其中兩個，分開放在天秤的兩邊。天秤要是能保持平衡，壞球便是沒有被選中的那一個了。要是天秤失了平衡，墜下來的那邊便盛著壞球。

可是，在選擇學校的例子上，問題比較模糊。而且資料貧乏不足，從大衛對兩所大學在兩天裡的觀察，很難作出判斷。在這個問題上，沒有所謂正確的答案，而作出決定的方法可以有很多，沒有一個方法是絕對正確的。每一種方法、每一種決定都有它的優點和缺點。雖然如此，有些方法和決定利多於弊，而有些方法、決定則利少弊多。分析能力高的人比分析能力低的人較能夠辨認出哪些方法較好，哪些方法較差（Sternberg, Wagner, Williams, & Horvath, 1995）。

在日常生活中，人們很少會遇上乒乓球那類型的問題。可是像選擇學校的問題卻常常會遇上，而且如何處理這類問題很可能會嚴重地影響一個人的生活水準和完成個人目標的機會。因此，能夠處理這類較生活化的，但結構亦較模糊的難題，比能夠應付智能測驗更有用。

本章集中討論如何分析較生活化但結構卻比較模糊的問題。我們擬先討論一般人在分析這類問題時常出現的偏差，進而探討避免犯上這些錯誤的方法，最後介紹如何將分析能力運用在生活中。

第一節　處理難題的偏差

日常生活要面對的問題，結構比較模糊。要解決問題，常要主動地收集進一步的資料。因為解決問題的方法很多，而不同的方法又各有利弊，選擇任何一個方法解決問題，可能都要冒一點風險。因此，風險分析也是分析能力的重要一環。心理學研究發現，在處理日常生活問題時，不論在資料搜集或風險分析上，人們常出現偏差。更嚴重的是，有時人們在作決策時，常被似是而非的資料干擾，作出偏頗的決定。

很多時候因為資料不足，在解決問題時，人們需要進一步收集資料。但若在收集資料前已經有了某種成見，便容易在收集資料時出現偏差，偏重收集與自己成見相符的資料，而忽略了與自己成見不相符的資料。舉例來說，假如你負責徵聘一位員工，看到某應徵者的求職信後，你對他的印象很好，但卻沒有充分資料證明他是否適合公司的要求。你要收集更多的資料才能作出決定。這時，你可能會因為對這位應徵者有好感，不自覺地在收集資料時，較留心他的長處，而忽略了他的缺點（Synder & Swan, 1978）。

心理學家用以下的問題來測量人在收集資料時會不會有上述的偏差。

圖 4-1 中有四張卡紙。每張卡紙一面印有一個數字，而另一面則印有一個英文字母。四張卡紙面向你的一面分別印著「D」、「3」、「B」和「7」。你有預感如果卡片的一面印有「D」字，另一面印著的數字一定是「3」字。但你卻沒有足夠的資料肯定自己是對的。如果你可以把圖 4-1 中的任何一張卡紙翻過來，來測驗你的預感是否正確，你會翻那一張呢（Wason, 1981）？

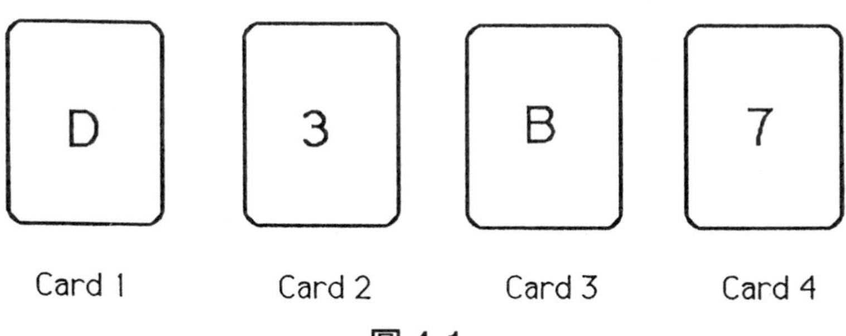

圖 4-1

我們請了二百七十六位香港大學生回答這問題，看看他們會選哪一張卡。

如果他們選擇第一張卡，這選擇是合理的。這張卡上面印著「D」字，如果翻過來後發現它的背面真的是「3」字，他們的預感便得到支持了，但如果不是「3」字，便證實他們的預感是錯的。二百七十六位大學生中，有一百六十三位同學選擇了這張卡。

如果他們選擇第二張卡，便顯示他們在找尋與自己預感相符的資料。這張卡的一面印著「3」字，如果它的背面印的是「D」字，便符合他們的預感。但要是它的背面不是「D」字，把這張卡翻過來對測驗自己的預感毫無幫助。（他們的預感是如果卡的一面是「D」，另一面便是「3」。這種預感並不排除即使卡的一面不是「D」，它的另一面也可以是「3」。）在回答這問題的大學生中，七十八人選擇把第二張卡翻過來，顯示不少人偏向找尋與自己成見相符的資料。

如果它們選擇第三張卡，這選擇對測驗他們的預感毫無幫助。如果翻過卡來，背面是「3」，並不足以否定自己的預感，背面不是「3」，亦不足以支持自己的預感。即使如此，也有二十三人選擇了這個答案。

把第四張卡揭過來其實比翻開第三張卡有用。因為如果卡的另一面是「D」，便可以馬上否定自己的預感。當然，如果卡的背面不是「D」，我們便無從決定預感是否正確。可是只有十二人選擇這個答案。

這項測驗，清楚地顯示在收集資料時，人們較偏重一些支持自己成見的資料，而傾向忽略一些會推翻自己成見的資料。要避免這種偏差，便要在做決定時，認識清楚自己的成見，並嘗試留心那些足以推翻自己成見的資料。這些資料對做出理智的決定也是非常重要的。

除了這種偏差外，人們亦會在收集資料時，只要能從記憶中找到似乎是相關的資料，便停止繼續收集其他資料，以致在做決定時過分受到容易從記憶中尋回的資料所影響，造成偏差。

譬如在決定要不要到紐約市旅行時，人們可能馬上想起幾宗在紐約市發生的兇殺案，因而認定紐約市是一個危險的城市，不再進一步搜集資料，便打消了到紐約市旅遊的念頭。可是，如果這些人沒有過分受到記憶中較容易尋回的資料影響，繼續系統地收集資料，便很可能會發現近年來由於市內人口變化和執法機關的努力，紐約市已成為美國主要城市中最安全的城市之一，而謀殺案的發生率比任何美國主要城市的謀殺率更低。

我們曾請百多位香港大學生回答以下一道問題：

> 在一篇英文小說的四頁中（約 2000 字），你估計能找出多少個由 7 個字母組成，並以 ing 結尾（即____ing）的英文詞語呢？

他們的估計平均約為十三個英文詞語。我們又請了另外百多位香港大學生回答以下一道問題：

> 在一篇英文小說的四頁中（約 2000 字），你估計能找出多少個由 7 個字母組成，倒數第二個字母爲 n（即____n__）的英文詞語呢（Tversky & Kahneman, 1974）？

他們的估計平均約為五個英文詞語。

我們不用仔細翻查字典，也知道兩組人作出的估計是有偏差的。所有由七個英文字母組成，並以 ing 結尾的英文詞語，必定也是由七個英文字母組成並由_n_結尾的英文詞語。但由七個字母組成的英文詞語中，用_n_結尾的詞語，卻未必一定用 ing 結尾。所以，用_n_結尾的詞語一定比用 ing 結尾的詞語為多。可是，兩組大學生作出的估計則與這推論剛好相反。他們估計用_n_結尾的英文詞語比用 ing 結尾的英文詞語少。

為什麼會有這種看似奇怪的結果呢？在回答 -ing 問題時，學生馬上想到很多英文詞語是由七個字母組成，而又是以 ing 結尾的(如 closing, putting, showing)，所以他們認為這種詞語很多。但在回答_n_問題時，他們一時間想不到很多英文詞語是由七個字母組成，並以_n_結尾的因此，他們便覺得這類詞語比較少。由此可知，人們在作判斷時，很多時候只是倚靠在記憶中即時浮現的例子，而沒有細心考慮或收集其他資料。

在解決日常生活的問題時，除了要收集資料外，還要面對風險。到底選擇那一間學校升學比較好呢？到底應不應該在新興市場中投資呢？要不要在大學畢業後上研究院呢？沒有人可以預測未來，也沒有人可以預知每項決定的後果。因此，不論如何做出決定，也要冒某程度的風險。但人們在面對風險時卻不是完全理智的。舉例來說，如果一個決定可能會帶來損失，一般人在處理風險時會比較保守。但當一個決定可能會帶來好處時，一般人便會比較樂觀進取。

試想想以下一個問題：

> 假如你不幸患上肺癌。醫生說你可以接受手術或放射治療。據過去記錄，一百個接受手術的人當中，十個人會在手術中死亡，三十二人（包括在手術中死亡的十個人）會在手術後一年死去。手術五年後，共會有六十六人死去。在一百個接受放射治療的人當中，沒有人會在療程中死去。一年後，其中二十二人會死去。五年後，共會有七十八人死去。

你會選擇那種治療法呢？

將兩種治療法作一比較，選擇接受手術的人比較進取。雖然在手術其間或手術完成後的一年內，病人的生命危險較大，但只要能熬過第一年，痊癒的機會也較大。放射治療比較保守。雖然短期內，病人能保住性命的機會較大，但五年後，病人仍然生存的機會卻較低。

百多名香港大學生回答這條題目。百分之五十六的學生選擇了較保守的放射治療，只有百分之四十四的學生選擇接受手術。被訪者這樣回答問題，可能是因為我們不斷告訴他們有多少人在接受治療後死去，令他們覺得他們所做的決定是為了降低死亡的機會，因而變得保守。

為了檢驗這個假設，我們請了另外百多位香港大學生回答以下的問題：

> 假如你不幸患上肺癌。醫生説你可以接受手術或放射治療。根據過去的記錄，一百個接受手術的人當中，九十個人可以在手術中生存。手術後一年仍生存的人共有六十八人，而手術後五年仍然生存的人則有三十四人。一百個接受放射治療的人當中，所有人在接受治療後仍然生存。治療後一年仍生存的人共有七十八人，而五年後仍生存的人則有二十二人（Tversky & Kahneman, 1981）。

你會選擇那種治療法呢？

值得注意的是「死亡」和「生存」兩道題目所提供的資料是完全一樣的。唯一不同的是，在「生存」題目中，我們不斷告訴被訪者多少人在接受治療後仍生存，使他們覺得自己的決定是為了提高自己生存的機會。在回答「生存」問題時，選擇接受較進取的手術治療的人上升至百分之五十二，而選擇接受較保守的放射治療的人則降至百分之四十八。由此可知，一般人在嘗試減少損失時，會採用較保守的策略，在嘗試謀取利益時則傾向採用較進取的策略。

東亞在九七年中期出現了一次金融危機。以香港為例，在金融風暴前夕，股市急劇上升，人人希望趁機會賺大錢，所以採取了較進取的投資策略，大量購入實力薄弱的國企股，忽略了投資的風險。但當股市急劇下滑，投資者只求保本，避免虧蝕，因而採取較保守的策略，即使股價已有很大的折讓，仍沒有入市的意欲。這種現象，與我們在實驗中找到的結果相符：當有利可圖之時，人們傾向採用較進取的方法；但當面臨虧蝕時，便傾向採用較保守的策略。

最後，在分析問題時，人們常受到似是而非的資料影響，作出偏差的判斷。試回答以下的問題：

林達今年31歲，未婚，爲人坦率，頭腦聰

明。讀大學時，她主修哲學，對歧視和社會公正等問題十分關注，並曾參加過反核示威。

下列兩種情形，哪一種的可能性更大？

(1)林達現在是一位銀行出納員？

(2)林達現在是一位銀行出納員，也活躍於女權運動（Nisbett et al., 1983）。

接近三百名香港大學生回答了這條題目。其中百分之八十五選擇了答案(2)，而只有百分之十五選擇了答案(1)。這結果反映出被訪者在分析這問題時有明顯的偏差。在銀行出納員當中，有些是女權分子，有些不是。因此，銀行出納員比活躍於女權運動的出納員多，林達是銀行出納員的機會也一定會比林達是活躍於女權運動的出納員為高。可是被訪者從對林達的描述中覺得林達像一位女權主義分子，便決定林達有較大的可能是一位活躍於女權主義的出納員。

即使我們將以上的理由加以說明，被訪者仍會犯上同樣的錯誤。在上述的測驗中，被訪者接著回答以下的問題：

下列兩種觀點，哪一種更有說服力？

(1)林達現在是銀行出納員的可能性，要大於她是女權主義的銀行出納員的可能性，因爲所有擁護女權主義的銀行出納員，都是銀行出納員，但是，有些銀行出納員並非女權主義者，林達可能屬於後者。

(2)林達現在是擁護女權主義的銀行出納員的可能性，要大於她是銀行出納員的可能性，因爲她較像是活躍的女權主義分子，但卻不像是一位銀行出納員。

在被訪者中，百分之六十五選擇答案(2)，可見似是而非的資料對人們的判斷有多大影響。

很多人會覺得每一個人、每一件東西都是有諸內，便會形諸外。林達看來似是一位女權主義支持者，所以她一定支持女權運動。就以古醫學為例，不論中西，都相信藥物的功用可以從藥物的外形看出來。在文化復興年代的一部名為〈藥方箴言〉的醫典中就指出：「每一種有醫療作用的自然物質，其外形特徵就表明了它可以治療哪一種病或哪一個器官的病」（John Paul, 見 Mill, 1843/1974）。在中醫中，也有「以形補形」之說。譬如，廣東人以為吃胡桃可補腦，因為胡桃的外形看來很像人腦。

這種單從事物的外表作判斷的方法，容易使人作出偏差的判斷。試回答以下的問題（Nisbett et al., 1983）：

> 假設有一個普通的六面骰子，四面是綠色，兩面是紅色。現在將骰子丟20次，並記錄朝上一面的顏色的次序。下列三個次序中，你會選哪一個次序？如果你選的次序正好與骰子出現的次序一致的話，你可以得到200元獎金。
>
> (1)紅綠紅紅紅
>
> (2)綠紅綠紅紅紅
>
> (3)綠紅紅紅紅紅紅

你有沒有像我們大部分（88%）的被訪者一樣選擇了答案(2)呢？你有沒有留意到如果要擲出答案(2)的順序，必須擲出答案(1)的順序，並在這順序前擲出一次綠色呢？因此，擲出答案(2)的機會必定低於擲出答案(1)的機會。但為什麼仍有這麼多的人選擇答案(2)呢？可能他們覺得骰子四面綠色，兩面紅色，所以擲出來的順序應多一點綠色，少一點紅色，而答案(2)和他們這種印象最相似吧！

綜合以上的討論，要避免偏差，可留意以下各點：

一、認識自己在某事件上的立場，在做決定時注意那些與自己立場不相符的資料。

二、系統地收集資料，不要受即時想到的例子影響，做出不成熟的決定。

三、以較客觀的方法去面對風險，不要得意忘形，忽略了可能存在的風險。〈易經〉中居安思危的哲學，是值得借鏡的。同時，也不要因為想要避免損失而過分保守，不敢接受風險。

四、不要受表面上似是而非的資料影響。在作出判斷時，儘量客觀地考慮各種情況出現的機會。

第二節　理性的分析方法

怎樣才可免受似是而非的資料影響？怎樣才能客觀地分析一件事發生的機會呢？在我們未回答這問題前，請先回答以下兩道題目（Nisbett et al., 1983）：

> 一位朋友的兒子今年19歲，他能說四種不同的語言，並被他的大學教授看作是莎士比亞專家。
>
> 當他40歲時，他成爲大學英語講師的可能性有多大？
>
> 當他40歲時，他成爲垃圾收集員的可能性有多大？

這兩道問題並沒有正確的答案。如果你認為他成為大學英語講師的可能性很大，成為垃圾收集員的機會很小，那是因為你覺得他較像一位大學教師。如果你認為他成為垃圾收集員的機會較大，那也可能是對的，因為在現實生活中，垃圾收集員的人數，遠遠多於大學英語教師的人數。

換言之，在分析日常生活的難題時，可以考慮在某難題中的特殊資料，例如這個人的語文能力，別人對他在學術上的評價等。也可以參考一般性的資料，例如，一般來說，一個城市裡有多少垃圾收集員，又有多少大學英語講師。

如果在分析問題時，只考慮其中任何一種資料，均會造成偏差。可是，在日常生活中，一般人只會顧及其中一種資料，而忽略了另一種資料。在一項實驗中，我們請了二百三十五名香港大學生回答以下的問題：

> 一部計程車在晚上撞傷一名路人後棄之不顧而去。城中的計程車只有藍色和綠色兩種。據你所知：
>
> (一)城中百分之八十五的計程車是綠色的，其餘百分之十五的計程車是藍色的。
>
> (二)一名目擊證人在作供時指出肇事的計程車是藍色的。法庭測試了目擊證人辨認計程車

顏色的能力。如果在夜間看到一輛計程車，這位證人有百分之八十的機會可以準確地認出那輛車的顏色。

問題是：如果證人指出肇事那輛車是藍色的，這輛車確是藍色的機會有多大？

在這道問題中，資料(一)是一般性的資料，而資料(二)則是這事件中的特殊資料。如果一個人能在考慮過兩種資料後才做決定，他的答案會是41%。換言之，如果證人指出那輛計程車是藍色的，那輛車只有四成機會真的是藍色的。

在二百三十五名學生中，六十七名的答案是15%，即他們只考慮了一般性的資料。有八十五人的答案是80%，即他們只考慮了案件中的特殊資料（證人供詞的可靠性）。只有九個人的答案是較接近41%的。

要綜合一般性的資料和特殊資料，其實並不困難。試想想，在什麼情況下證人會指出計程車是藍色的呢？甲、那輛計程車確是藍色的而證人準確地認出那輛車是藍色的。乙、那輛車其實是綠色的，但證人卻把它誤認為藍色的車。因為城中的計程車有15%是藍色的，而證人能準確地辨認出車輛的顏色是80%，所以情況甲的機會是15%乘以80%，即12%。同樣地，城中的計程車有85%是綠色的，而證人認錯車輛顏色的機會是20%，所以情況乙的機會是85%乘以20%，亦即17%。

換言之，證人指出計程車是藍色的機會是情況甲加情況乙的機會，亦即12%＋17%＝29%。如果證人指出計程車是藍色，那輛車確是藍色的機會便只有12%除以29%，亦即41%（Tversky & Kahneman, 1980）。

當然，在現實生活中，人們很少遇上這種機會率十分清楚的問題。但上述的分析方法卻仍是用得著的。試看以下一道問題：

> 你參加一項電視遊戲節目。主持人要你在兩個看似完全相同的信封中選擇一個。他告訴你其中一個信封內的獎金是另一個信封內獎金的三倍。你選擇了一個信封，發現信封內有三萬元。主持人說：「現在你可以保存這信封內的獎金，或將信封與我手上的信封交換。你要不要換呢？」你心裡明白，另一個信封內盛著的不是一萬元便是九萬元了。你要不要換呢（Nisbett et al., 1983）？

這個問題並沒有正確的答案。按事件的特殊資料，你有50%的機會損失二萬元，和50%的機會多贏六萬元。你要不要換呢？

但再想一想，在這類遊戲中，參加者贏得九萬元的機會有多大呢？只贏得一萬元的機會又有多大呢？參考了這一般性的資料後，你又要不要換呢？其實，要回答以上的問題，你需要客觀地評估贏得九萬元、三萬元和一萬元的機會。

有時，人們只接收到片面的資料，便要對整體情況作一判斷。在作這種判斷時，要考慮資料的代表性，和要判斷的對象是否多變。要明白這一點，請嘗試回答以下的一道問題（Nisbett et al., 1983）：

> 請想像你自己是一個探險家，來到了太平洋東南部一個鮮爲人知的島嶼。在那裏，你遇到了一些新的人和物質。在觀察你的「樣本」的特點之後，你需要猜測這些特點在他們同類中的普遍性有多大。
>
> 假設你遇到了一個此島上的原居民，他是一個叫做巴拉圖部落的成員。他身體肥胖。你估計巴拉圖部落裏的所有男性中，身體肥胖的佔多少百分比？

你估計的百分比不會很高吧？因為你只觀察了一個巴拉圖人，而人的體型變化可以很大，所以很難作出準確的判斷。

可是，如果你觀察了二十個巴拉圖人，發現他們全都是體胖的。那時，你收集到的資料便較具代表性了，你也會較肯定巴拉圖人是體胖的部落。

現在試回答以下的問題：

> 假設你拾到了一個某種物質的樣本，據探險隊中的物理學家説，這種物質是一種稀有元素。當加熱到很高的溫度時，它會燃燒並發出綠色的光燄。你估計這島上所有相同的元素中，燃燒時會發出綠色光燄的佔多少百分比？

雖然你只收集了一個樣本，但可能仍會肯定這種樣本在燃燒時會發出綠色的光燄。為什麼呢？也許你會認為元素的化學反應是很穩定的，所以不需要很多個樣本，你也會肯定這種元素在燃燒時會作出相同的化學反應。

要之，如果手上掌握的資料越有代表性、或要判斷的狀態越穩定，便能作出更準確的判斷（Nisbett, et al., 1983）。

這看似簡單的思考方法，在日常生活中卻常常被忽略。在本章開始時，我們描述了大衛選擇學校的難題。百多位香港大學生回答了這問題，其中74%認為大衛應選擇長春藤聯盟大學。有趣的是，被訪者的決定，只依據著大衛在每所學校一天（也許沒有代表性）的觀察而已。

如果我們向受測者提供一些提示，引導他們使用剛才介紹的思考原則，他們便會做出較理性的決定。在一項研究中，我們向另外百多位香港大學生提出了以下的問題：

> 大衛被兩所大學錄取，一所長春藤聯盟大學和一所私立文科大學。他本來打算到那所較小的文科大學讀書。但是，他決定先親自去這兩所學校看看。
>
> 他分別將兩所大學中那些他可能感興趣的課程、他想去觀看的地方與活動系統地列成清單，然後，他從每一個清單中隨機地選取幾門課、幾種活動、和幾個校園景點，準備去看一看。（隨機選擇的方法：將鉛筆隨意丟在清單上，選取筆尖所指的項目。）
>
> 他不喜歡在那所私立文科大學所看到的一些現象。與他見面的幾個人似乎都很冷淡，讓人感到不太愉快；與他簡短地會面的一位教授似乎很無禮，對他不感興趣；這所大學的校園給他的感覺也不好。他確實喜歡在那所長春藤聯盟大學所看到的現象：與他見面的幾個人似乎都很活潑、熱情，讓人感到很愉快；他會見

了兩位教授，他們對他很感興趣；這所大學的校園也給他留下很好的印象。

他是否應該去那所長春藤聯盟大學？

其實，我們在這道問題中提供的資料和在章首中那道題目提供的資料是一樣的。不同的是，我們加插了一段文字，引導學生們從一個統計抽樣的角度考慮問題。結果只有56%的學生主張大衛到長春藤聯盟大學去。

這些結果指出，分析方法是可以透過提示來提升的。近期的心理學研究也清楚地指出分析能力是可以提升的。譬如參加心理學研究院提供的研究方法訓練，可以大大提升一個人的分析能力（Nisbett, Fong, Lehman, & Cheng, 1987）。

第三節　分析能力的實踐

在上兩節中，我們介紹了在分析問題時常見的偏差和一些處理資料的基本原則。在這一節中，我們會介紹如何在生活中發揮分析能力，以完成自己的目標。

Robert Sternberg（1996）指出成功的人有先見之明，不會等問題發生了才想辦法解決。他們會留心周圍的情況，在問題未擴大前把問題辨認出來。譬如，他們會留意是否常有一些出乎意料的事情發生？周遭的人和自己是否常常感到不安？他們慣用的方法是否不再得心應手？他們的競爭能力是否減弱了？成功的人會從這些徵兆中辨認出潛伏著的危機，儘量做到防範於未然。

成功的人知道問題的癥結在那裡；能在解決問題時一矢中的，不會在問題的表面癥狀上操心，隔靴搔癢。他們也知道問題有緩急輕重之別，會先去解決那些急切和重要的問題。

成功人士懂得仔細地籌劃策略。他們會三思後行，不會因一時衝動，以致下錯一子，滿盤皆輸。在籌劃策略時，最少可以分三個層次來作計劃。最原始的謀略形式是：「我會採取這個行動來完成目標。」較高級的形式是：「在甲這種情況下，我會用一種方法；在乙這種情況下，我會用另一種方法。」這種計劃的形式已顧及環境的變化。

更進一步的形式則是：「在甲這種情況下，我會用方法一。視乎方法一的結果，我會採用方法三或四；在乙這種情況下，我會採用方法二，視乎方法二的結果，我會採用方法三或五。」這種計劃形式不但比剛才兩種形式更高瞻遠矚，而且還想到了不同策略可能造成的後果和處理各種可能後果的方法。

有成就的人會嘗試採用較高層次的籌劃方法。而且，他們還會預先製訂備用計劃。當原來計劃失敗了，便推出備用計劃，不致令工作完全癱瘓。

成功人士懂得有效地收集資料，準確地掌握和運用資料來作決定，他們善於計算風險，有效地分配自己的資源，亦懂得監察和評估自己所作的判斷是否可靠。最後，他們也認識到在作判斷時經常出現的偏差，懂得警惕自己，不要步入判斷偏差的陷阱。

結　語

分析能力是一種智能以外的能力。智能使人能在結構清晰的問題中找到正確的答案。分析能力使人能在資料混雜、結構繁複的生活問題中掌握到較有效的方法解決問題，並獲得較圓滿的結果。智商高的人分析能力未必高，而分析能力高的人也未必有很高的智商。

對分析能力的研究印證了多元才能的觀點。分析能力是可以提升的。可能透過閱讀這章，你的分析能力已不自覺地提高了。分析能力亦可以在課堂中透過思考練習來培養。

如果能夠靈巧地運用分析能力，對其他才能的發展也會有幫助。譬如，人們可以透過分析那種意念較有發展潛質，然後將自己的資源投資在那些較有潛質的項目上，推陳出新，創造出令人耳目一新的東西來。在這例子中，分析能力為創造力提供了輔助。又譬如，在人際溝通中，可以透過分析溝通對象的知識和興趣，來調節說話的內容，增強溝通的效率。在這例子中，分析能力輔助了溝通能力的發展。

我們在本章中介紹了一些較技術性的分析。我們提出的例子看起來和現實生活沒有很大的關係。可是，從這些例子引伸出來的分析原則，在日常生活中都可以應用得到。譬如大衛選擇學校，僅憑一天的體驗便要決定某一所大學比較適合自己，這和探險隊在荒島上看到一個巴拉圖人便要推斷整個巴拉圖部落的特徵，在問題結構上完全一致。此外，從應徵者的履歷表推斷他的工作能力和未來的工作表現，從一個人的行為推斷那個人的性格等問題，在問題結構上和巴拉圖人的例子也沒有什麼不同。

人們在日常生活中不能好好地運用他們的分析能力，可能是因為沒有留意到他們所遇到的生活問題，其實是可以利用在本章中介紹的思考原則來處理的。因此，他們在作判斷時，較容易出現本章中描述的偏差。我們希望讀者能在這章中領悟到一些簡單的思考方法，使他們在遇到日常生活問題時，更容易找到更妥善的處理方法和得到更完滿的結果。

第5章 務實才能

帝制下的中國推行以男性為中心的中央集權政治。但在這背景下，仍出現了不少能幹的女政治家。其中一位最受尊崇的女政治家是北宋仁宗皇帝的皇后曹氏。1048年閏正月十八日晚上，皇宮內發生了兵變。崇政殿親從官顏秀叛變，宮庭內一片慌亂。這時，曹氏馬上請仁宗下旨令侍衛入宮營救。在救兵未到時，曹后聚集內監宮人，親自為每人剪下一綹頭髮，並激勵他們奮勇護駕，他日會以剪髮為記，論功重賞。眾內監旋即抖擻精神，奮起迎敵。曹氏為防叛兵縱火焚燒宮室，乃令宮人備水救火。由於曹后部署周密，指揮若定，宋皇朝總算有驚無險。

公元1063年，仁宗駕崩。曹后為避免繼立之爭，下令將宮門緊鎖，拒絕大臣入宮商議後事，並把仁宗的死訊嚴密封鎖，待英宗在翌晨即了帝位後，才宣報仁宗的死訊。

曹皇后多謀善斷，務實能幹，倚仗的大概不只是心理學家所描述的智能或抽象思維能力。她的成就，建立於她能審時度勢，並能運用她的軍事政治識見，佔盡先機。

務實才能是指能否利用個人見識，配合對環境形勢的審察，作出明智的決定，以解決現實生活中的問題。試舉另一位中國女政治家為例。元世祖忽必烈的皇后弘吉剌察必善於服裝設計。她看到蒙古的帽子沒有前檐，射箭時常被日光照曬，箭手難以瞄準，便縫製了有前檐的新式帽子。她請忽必烈戴起帽子來作宣傳推廣，結果她的設計被軍方所採納，成為元軍的軍帽。接著，她又看到蒙古袍服既寬且長，不利騎射，便設計出無領無袖的貼身「馬甲」，後來馬甲亦廣為元軍所採用。

察必皇后看到了一些在軍隊中出現的實際問題，於是便利用她的專長，改良了軍服。她也知道軍士不會隨便接納她的新設計，便利用當國家元首的丈夫為她的設計作推廣。這便是應用務實才能的一例。

沒有了務實才能，便會事倍功半，甚至弄巧成拙。話說明朝光宗皇妃李氏，一天到晚希望當皇后。有一天，她於隔房竊聽光宗與大臣議事。光宗建議晉封李妃為貴妃。李妃連忙遣太子朱由校代她向光宗要求晉升為皇后。這時光宗正與大臣議事，聽了朱由校的話，手足無措，乃將晉升之事押後再議。結果李妃因為不懂得審時度勢，既當不上皇后，連晉升貴妃的機會也落空了。

在中國文化中，一向有重閱歷而輕睿智的傳統，並相信從經驗得來的見識比書本上的理論重要。故有「讀萬卷書，不如行萬里路」這俚語，更常譏諷「紙上談兵」的人是坐井觀天的蛙兒。軍事家更是重謀略而輕侃侃之辭。在〈三國演義〉中，諸葛亮舌戰群儒，就曾對嚴峻這樣說：「尋章摘句，世之腐儒也，何能興邦立事？且古耕伊尹，釣渭子牙，張良、陳平之流，鄧禹、耿弇之輩，皆有匡扶宇宙之才，未審其生平治何經典。豈亦效書生區區於筆硯之間，數黑論黃，舞文弄墨而已乎？」後世人對諸葛亮的尊崇，豈不在他興邦立國的濟世務實之才？

近代心理學研究指出，務實才能的基礎正是一些透過經驗和閱歷積聚下來的見識。這些見識不立於文字，不傳於經典，因應時勢的變化而發揮其效用。中國古代兵家重謀略，曾嘗試將這些見識的基本原則歸納出來，著成兵略之書。這些有關兵法謀略的書籍，最近在中、港、台均很受重視，甚至被認為是成功致勝的寶典。但在這些書中論及的原則，也只是一些兵法綱領。到臨陣用兵，還是要靠個人的軍事經驗，將兵法演練出來。譬如〈三十六計〉有云：「將多兵眾，不可以敵，使其自累，以殺其勢。」這只是一個很籠統的用兵之道。隨著客觀環境和形勢的改變，實踐這原則的方法也會不同。

在本章中，我們會介紹心理學家如何研究默照不宣，透過經驗匯聚而成的見識，藉此了解提升務實才能的方法。

第一節　默照不宣的見識

默照不宣的見識（tacit knowledge，以下簡稱為見識）是那些通常不公開表達或陳述的知識。美國史丹福大學的 Richard Wagner 與 Robert Sternberg 認為見識是一種講求實際，重視實踐的知識。由於這種知識並不著重形式、規律，所以通常不能從課堂中直接獲得。

見識和學識不同。學識大多從課堂學習中獲得，但見識則多從實際生活經驗得來。此外，學識是有系統、綱目分明的知識。譬如，生物學是一種很有系統的學問體系，在這體系內的各種生物學現象和結構，均有頗清晰的界定。可是，見識是一些未必經過系統化處理的見聞或閱歷。由於學識的內容經過系統化的處理和組織，便較容易判斷它的對錯正誤。譬如「四的平方根是二」、「企鵝不屬於鳥類」，前說是正確的，而後說則不對了。可是見識並沒有正確錯誤之分了。譬如「擒賊先擒王」是一種見識，這種見識在某情境中可能用得著，但在另一情境下便可能用不著了。所以見識沒有所謂正確或不正確。

學識既源於課堂，其應用範圍往往亦局限於在課堂中出現的問題。見識源於生活，故較適用於處理在日常生活中出現的難題。Wagner 與 Sternberg 認為見識可以在日常生活中用來駕馭自己、他人和工作。

具見識的人，有自知之明，知道怎樣可以激勵自己，明瞭所面對各種問題的重要性，並按部就班地將重要的事情先辦妥，再處理較瑣碎的事情。他們也知道用什麼方法才能更有效率地完成工作。換言之，他們懂得利用自己的見識來推動自己、安排工作和選用有效率的工作方法，以完成個人的目標。

就以美國邁亞米市的成功女企業家 Brownie Wise 為例。她要單獨照顧一個體弱多病的兒子，所以不能外出工作，生活十分清苦。她賴以為生的是向朋友推銷合金廚具，賺取佣金。但她看到四十年代初期，不少美國家庭移居到市郊居住後，欠缺了一種守望相助的睦鄰風氣，於是便常在家中籌辦社區聚會，並在聚會中向鄰居推銷她代理的廚具，成為直接傳銷服務的先驅。1947 年，塑膠食物容器大王 Earl Tupper 發現 Wise 的推銷方法很有潛力，便委任她為 Tupperware 公司的副總裁。Wise 上任後全力拓展公司的直接傳銷網絡。迄今，利用 Wise 創立的傳銷方法，Tupperware 每年盈利高達一億五千萬美元（Freeman & Golden, 1997）。

由此可見，憑個人的見識，可以替自己在有很大限制的環境下，找出很有效的工作方法，創造成功的機會。

有見識的人，亦懂得如何管理其他人，使別人在群體工作中，更能融洽地與人相處。有了見識，便更清楚應怎樣分配工作、資源和報酬，令團隊內的成員能各盡所長，避開可能對團隊的生產和士氣不利的因素。有了見識，領導者可以利用公平的分酬方法來刺激生產，並維持團隊成員間的和諧。

美國的IBM公司是一間很成功的商業機構，它的成功之道是以人為本。當然，單說以人為本是不足夠的，懂得爭取人心才是致勝之道。IBM的Thomas Watson就具備這種見識。自二十年代開始，IBM便逐步為所有僱員提供悠閑的娛樂設施、日間幼兒護理服務等，增加僱員對公司的歸屬感。又推行終身合約制度，令僱員不會因擔心被辭退而不敢提出創新的見解，這一點對尖端科技工業發展尤為重要（Peters & Waterman, 1982）。

除了駕馭自己和管理他人外，見識對處事亦十分重要。做事要事半功倍，要建立和發展個人事業，提升自己的聲譽，或向別人推廣自己的工作和意念，均需要見識。元世祖皇后察必懂得利用丈夫的身分向軍隊推銷自己設計的軍帽、軍服，便是一種有見識的表現。

因此，見識對個人和企業的成就，其貢獻之大，實不亞於從書本得來的學識或一個人的智能。

第二節　見識的測量

見識既沒有所謂對錯，要量度一個人的見識有多深和廣，便比評核一個人有多少學識更為困難了。在量度見識時，心理學家採用了一些較簡單的方法。

早期的研究集中測量個人的行為動機，其中對成就需要的研究特別被看重（Atkinson, 1958; McClelland, Atkinson, Clark, & Lowell, 1953）。假設兩個見識相若的人，甲在事業上很成功，而乙則一事無成。其中一個原因是甲成就需要強，故能夠激勵自己將見識發揮出來，並獲取更多的見識，創造出成果來。乙因為成就需要弱，沒有動機累積和發揮自己的見識，所以沒有成就。Helmretch 與他的同事（1980）測量了心理學家的成就需要，發現成就需要可以可靠地預測受測者在學術界上的成就。當然，這種透過測量成就需要來衡量務實才能的方法，未免過於間接了。

也有學者透過設計虛構的情境，來模擬一些工作時的實況，藉此觀察受測者在模擬情境中的表現。譬如，Frederiksen（1966）曾請受測者處理大量的備忘通告、工作報告及來往書函，藉此觀察他們處理這類文件的工作方法。亦有研究員（Bray, 1982; Thorton & Byham, 1982）採用模擬面試及模擬小組討論來觀察受測者的表現。這些模擬方法較接近日常工作的情境。可是，那些處境值得模擬觀察，而那些卻不值得呢？對此，心理學家仍是莫衷一是。

另一種測量見識的方法稱為關鍵事件法。在一項研究中，McClelland（1976）要求受測者描述一些他們處理得特別好和一些處理得特別差的事件，然後從他們的描述中辨認出成功的關鍵見識。這種方法對辨認那些見識是成敗的關鍵有一定的作用，但用來測量個人的見識孰深孰淺，則沒有太大的幫助。

近期較多被採用的方法是直接測量個人擁有多少經證實為有利於成功的見識。在製造測量工具時，研究員先比較「專家」和「新手」在某些專門工作上有什麼不同的表現。例如在一項研究中，Wagner與Sternberg（1985）請三組對心理學有不同程度了解的人，去處理一些心理學學術界內的問題。其中一組是在有名望的心理學系中任教的教授，一組是在有名望的心理學系就讀的研究生，而最後一組則是美國耶魯大學的大學生。一如所料，專家（教授）和新手（大學生）在處理學術問題時手法不同，反映出他們對心理學有不同的見識。在辨別了這些關鍵性的見識後，Wagner與Sternberg編製了一個心理學見識量表，並利用量表上的分數來預測初入職的心理學教授未來的成就，發現量表分數的預測能力很高：分數高的人入職後的成就較大，而分數低的人成就則較低。利用同樣的方法，Wagner及Sternberg（1991）成功地編製出一份測量商業管理的見識量表。

第三節　見識的應用

見識與學識的不同之處在於見識的實用性較高和應

用面較闊。

在商業界，Wagner 與 Sternberg（1985, 1991; Williams & Sternberg, in press）發現他們編製的商業管理見識量表可以可靠地預測多種在商業界的成功指標，其中包括：薪酬、加薪率、管理經驗或年資、管理表現、營業額（r=.20 至 .61）。此外，Williams 與 Sternberg（in press）利用統計方法摒除了教育年數和管理經驗對成功指標的影響後，發現管理見識仍能可靠地預測一個人在商業上的成就。

在學術界，Wagner 與 Sternberg 編製的學術見識量表，能夠可靠地預測學者在學術上的成就，包括他們的著作被引述的次數和他們所屬的學術部門在學術上的水準等，其相關度更高達 .4 至 .5（Wagner, 1987; Wagner & Sternberg, 1985）。

見識的實際效用並不局限於一些專門行業上。在一些基層行業中，它也有用武之地。Sylvia Scribner（1984, 1986）在一些處理牛奶的工廠作實地觀察，發現工人把一瓶瓶的牛奶裝箱時，往往會採用自創的一套演算法，按訂單的要求，以最簡單快捷的方法把牛奶瓶裝箱。而且這套高效率的演算法，可以隨牛奶瓶的大小和牛奶產品的類型靈活變化。在比較實驗中，Scribner 更發現這班包裝工人在裝箱工作上的表現，遠勝於受過高等教育的白領階級在相同工作上的表現。研究也顯示，裝箱工人的工作表現與他們的智力測驗成績、數學測驗結果和學業成績無關。這正好說明他們自創的演算法，並非智力或學識的產品，而是來自他們的工作經驗。

類似的現象也可以在日常生活的瑣事中觀察到。Carraher與他的同事（Carraher; Carraher, & Schliemann, 1985）發現在巴西街頭售賣東西的小童，雖然沒有收銀機和計算機的輔助，單憑他們自創的一套心算方法，便能準確地計算出不同貨品的總值和應找回的零錢。這些小童絕不是數學天才。他們在課室內接受數學測驗時，卻沒法解答同類型的計算難題。

此外，在一些研究（Lave, Murtaugh, & de la Roche, 1984; Murtaugh, 1985）中，也發現在美國雜貨店購物的顧客有同樣的心算能力。他們在選購容量不同的貨品時，往往會運用一些速算方法去算出那種包裝最便宜。可是，在購物時的速算能力，和他們在標準化心算測驗的成績卻沒有關係。

綜合以上的研究，在日常生活中，見識的應用範圍相當廣泛，它不只能應用於一些專業行業上，也可以在基層工作和日常瑣事中用得著。見識也不是受過高等教育的專業人士的專利品。反之，它是社會上每個階層的人，在他們的生活和工作經驗中積聚下來的務實智慧。

第四節　如何增加自己的見識？

不同背景和職業的人也有實用的見識，這意味著每個人都有提升自己見識的潛力。

見識源於生活，用於生活。隨著生活問題的演化，它的內容也靈活多變，並無一個固定、系統化的形式。而且見識一般很少載於文字，不會公開宣示。所以，見識很難用傳統的課堂方法由導師口授。擁有某種見識的人，在他的日常工作中很容易表現出來，但要這些人將他們的經驗和心得說出來，他們卻未必做得到。所以，在很多專業中，訓練新手的方法就是透過學徒制度，使新手有機會實地觀察專家的工作方式，親身領會不同工作方法的優劣，藉此提升學徒的實用見識。醫學界的臨床實習、工程界的學徒制、以至研究院的研究生制度，均是登堂入室，掌握專業才能的必經歷程。簡單來說，見識必須在實際工作環境中培訓，實地觀察與實習是最有效的學習方法。

在教育心理學中，引發動機是提高學習能力的一個重要課題。要增廣見識，自我激勵十分重要。要有效地引發動機，首先便要確定某件事情對個人的意義及重要性。對個人的意義越大、重要性越高，人們便有更大的動機去吸取見識，把事情做好。對於一些與日常生活息息相關的工作，人們往往會自發地去嘗試匯聚工作心得，以提高工作的效率。在上一節提及的牛奶廠裝箱工人，每天面對著繁重的工作，於是便嘗試創造一套方法來將工作簡化，並提升工作的效率。

動機是一個強力摩托，能夠推動人們去提升自己的見識。但動機只是獲得見識的先決條件，要有效地提升見識，仍需要下一點功夫。見識的獲得重點不在背誦資料，也不在於強記什麼定律。反之，見識的提升重點在創製一套靈活的策略，來配合個人和生活環境的特殊需要。以雜貨店購物者為例，有些人本著經濟學的「消費者盈餘」（consumer surplus）原則，往往以為貨品包裝越大便越便宜。可是，在現實生活中，約只有三分之一的貨品是符合這個原則的。換言之，循著這個原則去購物，往往會做出錯誤的決定。有很多精打細算的購物者，尤其是家庭主婦，他們往往不需使用計算機，便能準確地選購最廉價的貨品。2公斤裝的洗衣粉售價為港幣38.9元，3.5公斤裝同一牌子的洗衣粉售價為74.9元，有些購物者會採用「四捨五入」的策略，從而算出1公斤洗衣粉約為20元，3.5公斤則不應超過70元，所以能斷定2公斤裝的洗衣粉比3.5公斤裝的便宜。另外亦有些人會用另一套策略，把0.5公斤為十元作為一單位。2公斤即是四個單位，而3.5公斤便是七個單位，這種速算方法亦同樣奏效。可是如果把這個例子變成數學測驗的應用題，很多人會將 38.9 除以 2 的答案再與 74.9 除以 3.5 的答案比較，沒有計算機的輔助，答題者往往要動筆計算或花上數分鐘心算才可找出答案。這樣做不但費時，還可能因粗心大意而算錯。所以，要有效地解決生活難題，便要動動腦筋，替自己設計一套最切合自己需要的策略來提高效率，並把犯錯的機會減至最低。

一套策略對完成工作固然重要，但要真正地提高效率，仍需持續地去運用該套策略。如前文所述，對某事物有見識的人，智商並不一定比平常人高，所接受的教育亦不一定比別人多。可是他們對該事物卻有較豐富的經驗，所以比「外行人」在辦事時，更有效率及更易成功。因此，有了一套策略後，若能有恆心地練習，並細心地鑽研，不斷把不合適的部分加以修改，便可百煉成鋼了。〈大學〉云：「如切如磋，如琢如磨。」其意與這裡的本旨相同。

總括而言，動機、策略創造和鍛鍊是提升個人見識的要素。如果提升自己見識的動機是摩托，切合個人的策略便是適用來驅動摩托的電源，而有恆的練習便是能使摩托的操作更加順利的潤滑劑。

結語

提到「知識」這個概念，一般人會認為課堂書本是傳授知識的最佳方法。因為智商與學業成績有相當高的相關度，很多人亦會認為知識越豐富的人，他們的智商也越高。事實上，事業成功的人，除了專業人士外，亦不乏學歷不高的人。那些裝配牛奶瓶的工人，他們是公司裡學歷最低的員工，但他們在編放牛奶瓶的效率卻很高。著名導演史提芬史匹柏，他未曾修讀過任何電影課程，但基於興趣與努力，卻能拍攝出極受歡迎的電影，而且還不斷採用新科技去突破自己的成就，建立了一個舉世聞名、家喻戶曉的電影王國。又如香港富商李嘉誠，他所受的學校教育不多，但對經濟學的「需求與供應」定律卻能心領神會，運用自如。他看準了香港「地少人多」的特色，致力發展地產事業，並因他在地產事業上的驚人成就，擠身世界十大富豪之列。

由此可見，學業知識並非事業成功的保證。反之，見識與事業成功的關係很密切。很多望子成龍的家長會認為學識高便會事業成功，認為學校便是傳授知識的唯一媒介。學業成就固然值得重視和嘉許，但也只是成功的其中一種助力而已。要完成個人目標，除了課堂學習外，仍需要懂得在實際生活中學習，從工作中累積和鞏固自己的見識和心得，使自己在各方面的才能都得到擴充，不致於淪為只懂得紙上談兵的書獃子。

第6章 創造力

顧名思義，創造力是創造新思想、新事物的才能。不論古今中外，人們常對這種能力抱有一些浪漫的想法，認為創造力是一種不可思議的能力。譬如，在古希臘，柏拉圖認為詩人受到藝術女神繆思的啟迪，創造出弦歌妙韻，動人詩篇。在中國，也有不少關於創造力的神話傳說。譬如，李白之所以有雄奇的想像力和創造力，傳說因為他是「天上謫仙人」。南朝文人江淹早年以辭賦創作聞名，晚年則才思微退，詩作絕無美句。對此，〈南史江淹列傳〉有這樣的記載：江淹晚年於冶亭夜宿，夢見已仙逝的文學家郭璞。郭璞對他說：「我有一枝筆寄存在你那裡多年了，現在請還給我吧！」江淹便從懷中取出一枝五色彩筆奉還郭璞，自此江郎才盡。

由此可見，創造力在東西文化中，均常被視為人神交感所產生的才能。這種才能既是天賦，便不是凡夫俗子役用思慮、孜孜辛勤便可獲得。反之，真正有創造才能的人，一言一行皆具創意，用不著耗費心力、艱苦琢磨來培養創造能力。

這種玄妙的看法，往往使人覺得創造力是不可強求，也無從以智力和努力提升的個人特質。「文章本天成，妙手偶得之。」創意的出現也是一種欲辨忘言、不可預知的變數。

近二十年來，心理學家注意到創造力不單是促進個人成就的重要才能，也是推動文明和科技發展的基本原素。因此，他們開展了一系列有系統的研究。在這些研究中，他們對創造力作出了具體細膩的描述，提出了多種測量創造力的方法，辨認出促進創造力的心理和環境因素，並把創造力與分析能力、意志力、務實才能聯繫起來，使我們更了解創造力在日常生活中的意義。在以下數節中，我們擬將這些研究結果作簡要的描述，並討論這些結果對提升個人和他人創造力的意義。

第一節　創造力的測量

E. Paul Torrance在1979年設計了一款以他的姓氏命名的創意思維測驗（Torrance Tests of Creative Thinking，簡稱TTCT）。這測驗很快便被廣泛使用來測量創造力。這個測驗於1990年修訂，全卷共分為兩部分，分別測驗語言創造力和圖形創造力。在其中一些語言創造力測試的項目上，施測員向受測者展示一張圖畫，並請受測者列出可以就這張圖畫提出的問題。在另一些項目上，受測者列出各種可以改善一種產品的方法，或儘量枚舉一個紙盒的用途。在一些圖形創造力的測驗項目上，施測員向受測者展示數十個圓圈，然後請受測者嘗試在不同的圓圈上繪出各種不同的東西。

受測者在每道題目的答案，均按下列四項標準評分：

一、流暢度

對每一道問題，受測者能作出多少個切題的答案。

二、靈活度

對每一道問題，受測者能提出多少類切題的答案。

三、創新度

受測者的答案是否很少在其他受測者的答案中出現。

四、詳盡度

受測者的答案包含了多少細節。

綜合上述這四項分數，便可取得受測者在 TTCT 上的總分。

在一項研究中，研究員利用 TTCT 來測量二百多名中學生的創造力，並追蹤他們往後二十二年的創造成就。他發現 TTCT 分數能預測受測者在中學期間和中學畢業後製作了多少被公認為具創意的作品，及一生中三項最具創意的作品的成就有多大。

值得一提的是，在一些跨國的比較研究中，中國人在 TTCT 的表現一般是落後於歐美人士的（Torrance,

Gowan, Wu & Aliotti, 1970）。一項較近期在香港進行的研究則指出，香港小學生在解答圖形問題（例如用圓圈繪圖）時，比美國小學生有較高的創意。可是，當問題涉及語言創意較多時，香港學生的表現便比美國學生差（Rudowits, Lok & Kitto, 1995）。近年，香港大學就學生的才能，訪問了該大學各系系主任和其畢業生的主要僱主。調查發現兩組被訪者均認為香港大學的畢業生在多種主要能力中，創造力最低（Report of the HKU Careers Advisory Board Working Group on Core Competencies for Undergraduates, 1997）。最近香港總商會也進行了一項問卷調查，成功訪問了580間會員公司對在香港或海外受教育的僱員的評價。調查顯示，被訪者認為：在香港受教育的僱員，明顯地較在海外受教育的僱員缺乏創意（明報，1997年10月14日）。由此看來，中國地區的家長和教師在培訓子女和學生的創意（尤其是語言創意）上，似乎要多加一把勁了。

第二節　創造力的本質

要提升創造力，首先還是要了解創造力的本質。據一項在1985年發表的調查報告，一般美國人認為創造力與智能是兩種頗獨立的能力，智能高的人創造力未必強。在商學院任教的教授也有同感。可是，專注於藝術創作，或致力創造新科技、新思潮的人，卻覺得創意與智能是不可分割的。譬如，從事藝術、科學和哲學的專業人士便認為創造力和智能有著很密切的關係（Sternberg, 1985, 實驗一）。

事實上，另一項研究也發現一般人認為有創造力的人，分析能力和意志力也很高。創造力強的人，懂得辨別多種思想和事物的異同，並善於整理舊理論，推陳出新。在做判斷時，他們會衡量各種處事方法的利弊，然後果斷地做出決定，靈活變通。此外，他們奮鬥心強，幹勁十足，肯為自己的理想努力。當然，在一般人心目中，一個創造力充沛的人是不會拘泥於世俗傳統的。反之，他們敢去質疑約定俗成的規範，並懂得欣賞和創造新思想、新事物（Sternberg, 1985, 實驗二）。

要之，在一般人心目中，創造力並不是一種浪漫，凡人不可高攀，與智能、毅力毫不相干的能力。反之，它是一種紥根於生活，可以用來達致個人目標的能力。創造力高的人固然具備破舊立新的素材，但這些素材仍需倚賴個人的知識、智慧和意志力作藥引、作燃料，才能提煉出創新的成果。

當代的心理學家對創造力的本質持有相似的看法。美國耶魯大學的 Robert Sternberg 就提出了一套廣為心理學界所接受的創造力理論（Sternberg, 1988; Sternberg

& Lubart, 1996）。他把創造歷程比擬為拿個人心力資源做投資，成功的重點在於懂得低買高賣。低買者，就是能準確地捕捉有發展潛質但卻不被大眾注意的意念，並孜孜不倦地把這意念的潛質發揮出來。高賣者，就是待意念發展成熟後，以高姿態將它向外推銷，贏取大眾的讚許。

這種低買高賣的例子，在藝術、科學、商業界中屢見不鮮。就以早年的畢卡索為例。當時印象畫派大盛，而他在印象畫派的造詣也很深，但他卻毅然另闢蹊徑，嘗試建立主流以外的立體主義藝術。經過一番磨練後，作品以高姿態面世，廣受大眾青睞，使他成為一派宗師。

按這低買高賣論，能創造的人要有銳利的眼光，能判斷那些意念有發展潛質，那些是沒有價值的糟粕。將個人的心力投資於一些可能是沒有前景的新意念上，相對於投資在一些平實但卻有回報保障的項目上，風險自然較大。可是有創造力的人卻敢去面對合理的風險。鑽研一些比較生僻的意念，起初都不容易被別人接納，更遑論得到即時的回報。因此，能夠創新的人，往往需要接受初期的寂寞和挫折，延遲滿足。他們對發展新意念的興趣，不會因別人的冷淡而衰竭。此外，要將新意念的潛在價值發掘提升，自然少不了專業知識和經驗。最後，當意念發展成熟，需要向外推銷時，便要運用務實才能了。

要之，創新的成就，大多透過多種才能的配合，經過苦心經營而產生。仗著天才，福至心靈，隨手拈來的創作只佔少數。

第三節　如何提升自己的創造力？

如上章所述，創造成果有了分析能力、意志力、溝通能力和務實才能的配合，才容易產生。有關如何提升這些方面的才能，可參看本書有關章節。在這一節中，我們會集中探討一些能刺激創造意念的認知方法。

同樣是一塊橡膠，有些人只看到它是一塊橡膠，而其他人在需要時，則可看出它的眾多用處來。美國哈佛大學的Ellen Langer（Langer & Piper, 1987）發現能否利用身邊平凡不過的東西，發揮出不平凡的用途，和人們如何認識周遭的事物有很密切的關係。在一項偽稱為處理壓力的心理學實驗中，研究員先請參加實驗的大學生把攜來的私人物件留在實驗室外。然後，研究員向該學生展示三件東西，其中一件是一塊罕見的黑色橡膠。研究員逐一介紹每一件東西。在介紹黑色橡膠時，研究員對其中一組學生說：「這是一枚準確推進器。」對另外的學生卻說：「這可能是一枚準確推進器。」又或說：「我也不知道這是什麼東西。」跟著，研究員請學生回答一些關於那三件物件的問題。學生在回答時，需將答案用鉛筆寫在電腦答案紙上。當學生填妥答案後，研究員佯作驚惶，告訴學生剛才給他們的指示原來是錯的，答案應填在答案紙的另一欄上。可是現在所有答案紙已經用完了，實驗室內又沒有橡皮，又不能把填妥的答案刪掉。研究員問學生該如何是好呢？

研究發現，當研究員將橡膠介紹為準確推進器時，學生雖然不知道什麼是準確推進器，但對橡膠的用途已有了定論，認為那塊橡膠只能作準確推進器使用。在這情況下，只有四分之一的學生想到那塊橡膠可以暫充橡皮，擦掉答案紙上的鉛筆痕跡。但當研究員說橡膠可能是準確推進器，學生便想到那片橡膠可能還有其他用途。在這情況下，百分之六十五的學生想到可以用橡膠擦掉答案紙上的答案。如果研究員說自己也不知道那塊橡膠是什麼，也有百分之五十五的學生想到可以把橡膠當作橡皮使用。在一連串其他的實驗中，Langer 一再發現相同的結果。

這項研究對認識激發創意的途徑有深刻的含意：在認識外界的新事物時，如果認為每事每物都有固定的特性和用途，便可能會令人產生盲點，忽略那事物的其他功用。這一點和釋道兩家的觀點不謀而合。釋道兩家均認為宇宙萬物皆流變不居，沒有定性。能參透這點，便能產生大智慧；若不能，硬要為每一事物定下名目，拘泥執著，便容易因過於偏執，窒息了創意。事實上，古往今來，不少騷人墨客，即使看到十分平凡的東西，可能因為沒有將它定性化，所以能從中看出不平凡的新意來。譬如月下獨酌中的李白，看到常見的明月，卻把它聯想為醒時同歡、醉後分散的伙伴，以雄奇的想像，產生了創新的意境。

加州柏克萊大學的 Philip Tetlock 發現有些人在與人交往和做決定時，較希望看到每事每物都是黑白分明和不喜歡模稜兩可的意思。但有些人思想則比較精細，知道世事常生變化，矛盾重重，一件事情的好與壞，不能草率地蓋棺論定。他們因為意識到人的行為背後常有複雜的動機，所以不願對誰是誰非妄下判斷。Tetlock 在一項研究中測量了一百三十多名商學院研究生在這方面的個別差異。結果顯示：認為每事每物皆有定性的人，與覺得世事難斷的人相比，智能未必遜色，但他們的創造力則顯著落後（Tetlock, Peterson, & Berry, 1993）。

同樣，在一項自 1958 年開始，至 1989 年完成，長達三十一年的追蹤研究中，也發現在一百四十多名參與研究的人當中，思想較精細，較能容納模稜兩可意思的人，也較能在藝術知識領域上，開創出驕人的創造成就（Helson, Roberts, & Agronick, 1995）。這一系列的研究，清楚地顯示出創造力與個人認識世界的慣性有密不可分的關係。

創造力高的人，能推陳出新，在平凡的事物中看出不平凡的新意來。他們較不急於為周遭的人和事下定論，對他們來說，一枝花可以是一枝花，但也可以不是；無用之用，亦可為大用。「道可道，非常道；名可名，非常名」。任何約定俗成的知識、理論和思潮，對他們來說，都未必是恆久不變的定律。即使是已經發生了的歷史事實，也可以在思想中倒逆，產生新穎的假設，創造出令人耳目一新的效果來。杜牧的「東風不與周郎便，銅雀春深鎖二喬」詩句，不就是透過在思維上倒逆史實，為〈赤壁懷古〉這舊題目增添了不少新意來嗎？

藝術如是，科學亦如是。愛因斯坦年輕時已醉心科學。他對當時盛行的科學理論很感興趣，鑽研甚深。但他卻不盲目地接受這些理論。反之，他常常將物理學的概念，在意象思維中反覆地把玩。他在十六歲時進行了一項思維實驗，令他靈機一動，想出了相對論的藍本。他假設自己乘駕著一束光線，以秒速十八萬六千哩的速度飛馳。他在「御光急馳」之際，感受到的那種恆定性空間擺動，跟當年盛行的電磁波傳播光學論中所描述的擺動不同。這思維實驗激發他對時空構造的物理學理論，作出革命性的重整。美國史丹福大學的 Roger Shepard（Shepard, 1988）分析了數十位著名科學家的傳記，發現不少創新性的理論和發明，均曾受這種在思維中進行的實驗所啟發。

綜合各方面的研究結果，要提升個人的創造力，似乎可以在認識世界的取向上下功夫。我們在這裡嘗試提供幾個具體的方向，供讀者參考。首先，嘗試儘量保持開放的思想，不急於對周遭的事物定性；對事情不妄下定論；對孰是孰非、誰好誰壞，不急於作出判斷；對已被大眾接納的觀點、理論和知識，不抱著想當然的態度。嘗試作一些實驗性的想像，設想一些與現存的知識和想法相違背的情境，並推敲這些情境可能蘊藏的新意。例如，看到一棵樹，它可能是一棵樹，也可以不是一棵樹。如果它不是一棵樹，它又會是什麼呢？能抱著這種取向認識世界，或許能使人們的生活更添新意、更有趣味。

第四節　如何製造提升創造力的環境？

那麼老師和家長可以怎樣提升學生和子女的創造力呢？

Amabile和她的同事自八十年代開始研究獎勵對創造力的影響。在一項研究中，她讓一群小學生觀看一些插畫，然後按這些插畫編撰出一個故事來。在編故事前，她讓部分學生無條件地使用一部寶麗來相機來拍照。至於其他學生，她也讓他們使用相機拍照，但卻告訴他們：他們可以拍照，是因為他們願意在拍照後編撰故事。於是，雖然兩組小學生都參與了拍照和編撰故事的活動，但前一組學生（參照組）會把兩項活動看成是獨立的活動，而後一組學生（獎勵組）則會把拍照看作是編撰故事的獎勵。

稍後，一些小學老師應邀評審故事的創意。結果發現和參照組編出來的故事相比，獎勵組編出來的故事明顯地缺乏創意（Amabile, Hennesey, & Grossman, 1986）。可能有人會認為編故事較倚重語言上的創造力。但以上的發現並不局限於語文創造力，在其他方面（如藝術方面）的創造力，也曾發現類似的研究結果（Amabile, 1982）。

這些研究指出，要幫助兒童發揮他們的創造力，必須令他們覺得自己是一個主動的創造者，能在創作過程中，自主地決定參與某項創作活動，而且能夠自主地選擇採用那些方法來滿足創作的需要。如果他們感到自己是受了別人的獎勵才參與某項活動，便會覺得自己不是創造的主人，因此不去嘗試在活動中儘量發揮他們的創造力。

事實上，研究結果顯示：即使沒有獎勵，如果家長或老師令小孩子把創作活動看作是一種責任或差事，令小孩子在創作過程中失去了主動性，所創造出來的作品在創意上也會大打折扣（Koestner, Ryan, Bernieri, & Holt, 1984）。因此，家長和老師在訓練小孩子的創造力時，應避免令他們覺得參與創作活動是一種責任。

此外，家長和老師應儘量讓孩子們選擇完成創作目標的方法。譬如在 Amabile 的另一項研究中，孩子們用來製作拼貼畫的材料雖然一樣，但如果材料是自選的，製作出來的拼畫，會比在別人替自己選擇材料的情況下製造出來的拼畫更具創意（Amabile & Gitomer, 1984）。

當然，這並不表示父母教師不應獎勵小孩子參與創作活動。事實上，如果能恰當地施行獎勵，往往能幫助孩子們提升創造力（Eisenberger & Cameron, 1996）。在一系列的實驗中，發現過大的獎勵往往使孩子們將注意力集中在獎勵上，分散了他們對創作本身的投入。因此，過大的獎勵對提升創造力往往沒有明顯的助益。同時，家長老師過分重視獎勵，經常提醒孩子們父母和老師會如何獎勵小孩子的創造成果，也會令小孩子過分注意獲取獎勵，而忽略了對創作活動本身的樂趣。要之，在獎勵創造成果時，應採用適量、不過大的獎勵，不要使獎勵在小孩子的創作活動上過分突出，儘量令小孩子將注意力維持在創作活動本身的趣味上。

那麼，家長和老師應獎勵那些創造成果呢？六十年代大行其道的行為主義心理學很重視透過獎勵來加強良性的行為。這思潮在學校和家庭教育中也很流行。很多家長和老師看到小孩子有些微的創造成就，便給孩子獎勵，希望鼓勵他們繼續發揮創造力。但近期的研究結果一再指出，這種訓練創造力的哲學是弊多利少的。Eisenberger和Selbst的研究指出，若小孩子知道他們只需要製造出些微的創造成果便可以得到獎勵，他們便容易滿足於較低水平的創造成果，在取得獎勵後不去嘗試提升自己的創造力。在這種情況下，獎勵容易對創造力的發展造成反效果。

反之，如果小孩子要取得頗高的創造成果才會獲得獎勵，獎勵便可能會鼓勵小孩子提高對自己創造力的要求，從而提升他們的創造力（Eisenberger & Selbst, 1994）。

我們一再強調在獎勵具創意的表現時，應嘗試將小孩子的注意力集中在創作活動本身，不要讓他們將精神轉移到獎勵上。要怎樣才能達到這個目標呢？

首先，不要讓小孩感到他們的創作成果會受到別人評審。在一項研究中，Amabile要求一群女大學生製作拼貼畫。其中一群學生知道她們的創作會被一些藝術家評審，另一群學生則知道她們的作品不會被評審。結果，兩組學生相比，預期作品會被評審的學生做出來的作品比較欠缺創意（Amabile, 1979）。事實上，只要研究員向學生們提供一項創作表現的標準，讓他們用這標準來評價自己的作品，也會顯著地降低他們的創意

（Szymanslci & Harlcins, 1992）。要糾正過於重視評審的傾向，教師和家長在鼓勵小孩子參與創作活動時，應儘量避免令孩子感到老師或父母在評審他們的創作表現或創造力。反之，他們應儘量引導小孩子從尋找新意的過程中，體驗創作活動本身的樂趣（Conti, Amabile & Pollok, 1995）。

最近，心理學家開始編製一些較具系統的課程，嘗試培養兒童對創作活動本身的興趣。在一項需時兩日、每日二十分鐘的課程中，心理學家首先讓小孩子觀看一段預先錄影的對話，然後引導小孩子就對話的內容進行討論。跟著再看另一段錄影帶，再作討論，周而復始。希望透過這種模仿學習，幫助小孩認識創作活動的樂趣。以下是其中一段對話的內容：

成年人：小朋友，試想想老師要你在學校裡做的事情中，那一件是你最喜歡做的呢？

小孩：我最喜歡上社會科。我喜歡認識世界各地的風土民情。上這科時，我們會做很多有趣的科研習作和報告。我喜歡做科研習作，因為我可以從中學到很多新知識。我都很努力地做這些習作，每當我想到一些好的想法時，便會興高采烈。當你能用心做一些自己想出來而自己又感興趣的東西時，樂趣便更大了。

成年人：那麼，你這樣喜歡社會科，其中一個原因是它讓你跟著自己的興趣學習。當你為自己的興趣而努力時，功課便變得更有趣味，而你對自己的工作亦更滿意，那實在太好了。

接受了這種訓練的小孩子，遇到成年人獎勵他們的創造成果時，他們不但沒有被獎勵分散了注意力，反而更專注於創作活動，製作出更具創造力的成果（Hennessey & Amabile, 1988）。家長和教師若有志訓練子女、學生的創造力，這種誘導性的訓練方法是值得借鏡的。

總括來說，如果父母老師希望提升小孩的創造力，他們可以多為小孩子製造主動學習的機會，令他們感到自己可以選擇參與或不參與學習活動。家長和老師應盡量避免評價小孩子的創造力，並鼓勵小孩子不要經常評價自己的創作表現。多和小孩子討論學習上的問題，令他們將注意力維持在學習本身的趣味上。如果父母和老師希望獎勵小孩子的創造成就，要先決定那些成就真正值得獎勵，避免獎勵一些微小的成就。獎勵要恰宜，不要施行過大的獎勵，也不要令獎勵在創作過程中顯得過分突出，分散了小孩子對創作活動的注意力。

結語

在本章開始時，我們介紹了一些有關創造力的神話。在本章中，我們指出近代心理科學的研究結果，已攻破了這些神話背後對創造力的浪漫想法。

綜合本章各節的分析，創造力與個人的生活目標是緊密地聯繫著的，創造力亦要仰賴其他能力的互補才能更結實。創造力可以透過改變個人的認知習慣而提升。家長和教師亦可透過改變教育環境和學習態度，培育新一代的創造力。要改善個人和社會的創造力，實在大有可為。

心理學研究也解開了一些對創造力的不解之謎。江郎才盡的原因，也許不是因為江淹把彩筆還給了郭璞，而很可能是因為他踏上了隨年齡而衰減的創造成果發展軌道（Simonton, 1997）。不論在音樂、藝術、文藝和科學的領域裡，一般創作者的創造力自投身該領域後會續漸提升，到事業發展的中期後，則較容易出現衰竭。江淹的創作經驗，很符合這種發展規律。

再者，詩人的靈感，可能不是因為受到繆思的啟迪而興發，而是詩人從事思維實驗的成果。李白的詩才，也不完全是天縱的。他敢於在強調格律工整的盛唐詩風下，嘗試較自由的歌行體，也體驗了低買高賣的投資精神。

心理科學確是攻破了不少浪漫的假設，但它也同時為推動創造才能，開闢了一條新的蹊徑。

第7章 情緒智能

美國耶魯大學的 Peter Salovey 和 John Mayer 自九十年代初期，已開始研究情緒智能的本質。他們認為具情緒智能的人：

- 能準確地察覺、評估和表達情緒；
- 能有效地運用情緒來輔助思維；
- 了解情緒的本質和特性；
- 並能藉調節自己的情緒，來促進自己的情緒和智能發展（Mayer & Salovey, 1997）。

自從 Daniel Goleman 的〈情緒智能〉一書在 1995 年出版後，情緒智能即廣受大眾注意。同年十月九日，美國〈時代週刊〉更以「情緒智商」為封面專題，介紹西方心理學界對情緒智能的研究成果。情緒智能不久便像旋風一般席捲中、港、台各地。1996 年十二月，香港一本名為〈健康 Live〉的雜誌，更有這樣的一段幽默描述：

「眨眼間，已踏入 96 年最後一個月份。回想這年，香港各界紅得炙手可熱的是什麼？

- 政界——候選特首三大天王
- 電腦界——internet
- 醫學界——雙氧水
- 運動界——李麗珊
- 時裝界——低腰褲
- 娛樂界——眾位師奶殺手

• 牢獄界——葉繼歡
• 社會各界——EQ（情緒智商）」

情緒智能之所以能引起大眾的關注，主要是因為很多人相信：

一、情緒智能和智能的相關很低；智能高的人情緒智能未必會高，而情緒智能高的人智能也不一定高。

二、情緒智能可能比智能更能夠預測個人成就。

三、情緒智能是可以提升的。

於是，很多人對提升情緒智能的方法特別關注。

我們在第一章以多元才能的角度，討論過對情緒智能常有的誤解，在本章中，我們擬就情緒智能的重要性、測量方法和提升方法，作較深入的討論。

第一節　情緒對成就的影響

情緒是人對生活經驗的一種自然反應。這些反應很多時候可以幫助人們處理一些緊急和凶險的突發事件。譬如在原始部落中，一個獵人遇到一頭野狼，他會馬上感到心跳和呼吸都急促起來，也會感到驚慌。與他的情緒反應同時發生的身體變化，使他即時獲得更多氧氣，並產生更大的能量去應付眼前的凶險。不管他決定逃跑還是與野狼拼命，也會有較大的氣力。

事實上，學生在考試時，感到有點緊張，他們的表現會比完全不感到緊張為佳，可能緊張的情緒令身體產生變化，製造出更多的熱能，幫助他們更有效地面對挑戰。當然，過度緊張也會干擾一個人的決斷能力，令一個人喪失判斷力，不知所措。在獵人的例子中，如果獵人看到野狼便非常惶恐，不能決定是要搏鬥還是要逃，那麼他的行動便會僵化起來，結果可能難逃大難。在考試的情境中，過度緊張的人往往亦會不知所措，到底該回答那道問題呢？到底用什麼方法回答問題才好呢？猶疑不決，結果表現自然是差強人意（Malmo, 1959; Schultz, 1965）。

所以，適當地激發情緒能提升自己的工作效率，但過於劇烈的情緒反應，則會干擾自己的判斷能力。情緒智能強調的正是對情緒的駕馭，將自己的情緒調節到恰到好處的程度。〈中庸〉說：「喜怒哀樂之未發謂之中，發而皆中節謂之和。」也是這個意思。

情緒反應對判斷能力的影響很大。在面對陌生環境或需要深思熟慮後才作出判斷時，情緒反應對判斷力的影響尤為明顯（Forgas, 1992a）。

一般來說，當一個人鬧情緒時，他的情緒可能會令他更留心那些和情緒相符的訊息。在理解含糊的資料時，也較容易受到自己的情緒影響（Bower, 1981, 1991）。如在街上碰到一個陌生人向自己點頭，一個情緒欠佳的人會較一個心平氣和的人容易留心看到那個陌生人衣衫不整，而在解釋他的行為時，較傾向認為這個人對自己有所圖謀。一個情緒愉悅的人身處同樣的環境，卻會較一個心境平靜的人容易注意到那人手上拿著一個環保購物袋，也較傾向認為那個人向自己點頭是為了表達善意。

澳洲新南威爾斯大學的 Joesph Forgas 發現，如果人們遇到一個典型的人物（例如是一個典型的大學生、一個典型的推銷員），情緒對判斷的影響比較小，因為人們可以使用他們對這些典型人物的刻板印象來了解這些人的行為。在看到一個衣衫襤褸的跛子走近你的身邊和你微笑點頭時，一個典型的乞丐形象便浮現在眼前，不管你的情緒是高或低，你也會估計他是向你求助。可是，當你遇到一個性觀念開放的天主教神父，或一位十分活潑的老婆婆時，你便不能使用神父或老人的刻板形象，來幫助你了解他們的行為了。當要利用周圍的資料來推敲這位神父或老婆婆的行為時，人們的分析便會較受自己的情緒影響（Forgas, 1992b）。

在一項研究中，受測者在看到一些夫婦的合照後，評估相片中夫婦的關係有多融洽。有些夫婦很有夫妻相——他們的相貌很匹配，但有些夫婦則沒有夫妻相。在研究開始時，三分之一的受測者要先看一段有關癌症致死的短片，三分之一的受測者要先看一段喜劇短片，而另外三分之一的受測者則看了一段有關建築的短片。看了癌症短片的受測者情緒變得比較低落，看了喜劇片的受測者則比較快樂，而看了建築片的受測者心境則較平和。

一般人會覺得有夫妻相的夫婦感情應該較融洽。在看到有夫妻相的夫婦的照片時，受測者本著這種成見，因而斷定照片中的夫婦關係是不錯的。受測者當時的情緒對他們的判斷，並沒有造成顯著的影響。

可是，當照片中的夫婦沒有夫妻相，這種成見便不適用了，受測者便要從照片中，找尋其他線索來作判斷的準則了。這時候，他們的判斷便大受他們當時的情緒所影響。和心境平和的受測者相比，快樂的受測者普遍認為照片中的夫婦關係較和諧，而情緒低落的受測者則普遍認為照片中的夫婦關係較不和諧（Forgas, 1993）。

個人的情緒不但可以滲透個人的思維歷程，影響一個人的判斷，還可以影響一個人處理衝突的方法。一般來說，在遇上人際間的衝突時，心情快樂的人覺得自己所負的責任較小，而別人要負的責任則較大。換言之，他們推卸責任的傾向頗強。反之，怏怏不樂的人會認為自己的責任較大，而別人要負的責任則較小。換言之，他們自責的情況頗嚴重。心境平和的人則認為自己和別人要負的責任是相若的。

不但如此，心情欠佳的人在面對人際間衝突時，和心境平和的人相比，有較大的機率會採用被動和視若無睹的態度。由此可見，一個人的情緒既可以滲透思慮過程，亦可影響一個人應變的方法。

最後，當衝突變得愈嚴重時，情緒對衝突處理的影響也愈大。可能當衝突擴大後，便更需要人們動用智慮來解決問題，而情緒滲透思慮和影響判斷的機會也相對變大（Forgas, 1994）。

從以上描述的研究，可以看到情緒對成就的影響有多大。有適度的情緒反應，可以激發更大的體能來應付工作上的挑戰。可是，過度的情緒反應則會滲透思慮過程，降低一個人的分析和決斷能力，影響一個人處理衝突的方法。

當然，情緒智能除了能影響工作表現外，亦可以影響一個人的身體和心理健康。一個長期緊張憂慮的人，身體的免役功能容易衰竭，對抗疾病的能力也會較低。一個長期抑鬱的人不但很難集中精神工作，而且還長期處於自怨自憐的心理狀態，極不好受。最後，脾氣暴躁或反覆無常的人亦很難與人交朋友，他們的社交生活也會受到影響。因此，能夠好好地照顧和管理自己的情緒，是一種很重要的能力。

第二節　情緒智能的測量

如我們在第一章所述，迄今仍未有測量情緒智能的標準化測驗。但耶魯大學的Peter Salovey（Mayer & Salovey, 1997）已定下了情緒智能測量的準則和內容。

測量的準則有三：

一、測量必須針對受測者對情緒的認識、洞察和調控情緒的能力，以及利用情緒輔助思維的能力

一些可以提升情緒智能的因素（例如樂觀的態度及其他性格特徵），均不在測驗範圍之內。

二、測量必須直接量度受測者在以上各方面的表現，而不應倚賴受測者對自己情緒智能的評價

在測量一個人的智能時，心理學家會直接觀察受測者在需要智能的工作上的表現，而不會去問受測者覺得自己有多聰明。同樣地，在測量一個人的情緒智能時，要觀察受測者在一些需要情緒智能的工作上的表現，不能單問受測者覺得自己的情緒智能有多高。

三、測量工具必須具備內在的一致性和預測的效度

測量工具會包括多個組成部分，分別測量情緒智能的不同表現。但這些組成部分之間必須具有合理相關性，可以連貫為一個內在一致的測量工具。此外，在這測量工具上的分數，必須能夠預測受測者透過駕馭和洞悉情緒而取得的成就。

在測量的內容上，應包含以下四方面：

一、洞悉、評鑑和表達情緒的能力

這些能力包括：能夠透過一個人的身體反應、思想和感受去辨認出那人的情緒；能夠從別人的外表、言行和藝術創作辨別那人的情緒；能夠準確地表達自己的情緒和有關的感受；及能夠辨認出別人所表達的情緒是發自內心的，還是虛情假意。

二、對情緒的認識和能否使用這些知識

可以量度的是一個人是否知道：①人會有那幾種情緒反應；②各種反應間有什麼關係；③一些相似的情緒反應（如喜歡一個人和愛一個人）有什麼異同。也可以量度一個人是否知道情緒和個人經歷的一般性關係。譬

如，那人是否知道悲傷常會在喪失親人時出現。更進一步可以測量一個人是否了解一些像愛恨糾纏、驚喜交加等複雜情緒。最後可以測量一個人是否明白不同情緒狀態交替時是一種怎樣的狀態。譬如，一個人老羞成怒，到底由羞恥演變成憤怒的狀態是怎樣的呢？

三、利用情緒來輔助思維的能力

這裡可以測量一個人能否透過觀察自己的情緒，辨認出那些東西對自己比較重要，並將注意力放在那些東西上。譬如每次別人提到你欠缺幽默感時，你便很不高興，你會不會因此注意到你自己很重視別人對你在這方面的評價，而嘗試提升自己的幽默感呢？也可以測量一個人可否利用鮮明的情緒反應，來幫助自己辨別自己的喜好，組織自己的情緒經驗。譬如失戀後感到悲傷，在遇到另一段戀情時，是否能透過回想悲傷的經驗，來反省那一段感情成功與失敗的關鍵？一個人情緒愉悅時會比較樂觀，憂愁時會比較悲觀。另一種值得測量的能力是：一個人能否透過回想過去得意或失意的事情，暫時引發高昂或低沉的情緒，藉此改變自己的觀點，使自己可以從多個角度考慮一件事情。最後，在不同的情緒狀態下，人們會採用不同的方法處理問題。如以上所述，在情緒低落時，人們較喜歡採用被動的方法處理人際間的糾紛。透過激發不同的情緒狀態，可以鼓勵自己考慮各種不同的方法來解決問題，增加自己應變時的靈活度。這種能力也值得測量。

四、藉調控情緒來促進自己在情緒和智能上的成長

這裡值得測量的是：一個人能否以曠達的態度來表達得意和失意時的情緒；一個人能否視乎情緒經驗是否對自己有用而選擇是否投入；能否反省自己有沒有無緣無故鬧情緒，或無理地向別人發脾氣；以及一個人能否調控自己的情緒，使自己的情緒比較穩定。

以上只是一些設計情緒智能測量工具時可以依循的大綱。上述的測量內容雖然值得參考，但並不代表所列的內涵均是情緒智能的重要成分。到底以上四種和情緒有關的能力是否為情緒智能的一部分，還要在未來的研究中，看看這些能力是否可以幫助一個人透過情緒管理而取得成就。

第三節　提升情緒智能的方法

古今中外已有不少哲學家、教育家、宗教家討論過調控情緒的方法。在心理學研究中，也發現了不少因素可以預測一個人的情緒是否穩定。因篇幅所限，我們在

這裡只介紹三種可以透過自我反省來調控情緒的方法。

一 個人標準

定下明確的目標，對自己有所要求，可以驅策自己向前。可是為自己定下過於苛刻的標準，亦可能令自己的情緒不穩定。美國哥倫比亞大學的 Tory Higgins 注意到人為自己設定的標準可分為兩種：一種是理想和抱負，另一種是責任。譬如，一個人希望自己將來可以白手興家，那是他的理想。這個人也覺得自己有責任當一個孝女，順從父母的心意，這是她為自己設定的責任。

當一個人留心到自己的抱負時，他便會努力工作，激勵自己去達成目標，並透過達成自己的理想，獲得滿足感和成就感。反之，當他將注意力集中在責任時，便會激勵自己去盡該盡的責任，以免被別人譴責或感到自疚。因此，理想和抱負可以驅使一個人努力向前，爭取功績和獎賞，而責任也可以鞭策一個人努力工作，但在責任驅使下，一個人會只求無過，可以免於受罰，但卻不求有功。

可是當一個人為自己定的標準太高時，無論定下來的標準屬那一種，均會令自己的情緒不穩。當一個人覺得自己還沒有達成自己的理想時，便會覺得自己不可能取得成就而感到失望頹喪。當一個人覺得自己沒有完成責任時，便會覺得自己無法避免要受到譴責而感到慌惶憂慮。因此，如果標準定得太高，兩種標準也會種下情緒困擾的伏機（Higgins, 1987）。

更重要的是，只要自己的實際表現和自己的標準有距離，在任何處境中，只要有人提及自己的標準，情緒便會馬上發生變化。譬如，一個人希望自己很聰明，但卻覺得自己的才智不如人，每當想到自己的實際表現與理想不符時，便會感到失望抑鬱。而且，在日常生活中，只要這個人一接觸到一些聰明的人，或聽到別人讚賞一個聰明人時，雖然這些經驗似乎與自己毫無關係，但他仍會不期然地感到抑鬱。

同樣，如果一個人覺得自己沒有盡到做丈夫的責任，當他看到別人悉心照顧妻子時，亦會不期然地感到內疚和憂慮（Higgins, Bond, Klein, & Strauman, 1986）。

因此，要避免這種隨時隨地可能被環境觸發的負面情緒反應，首先要反省自己的目標和標準是否定得太高。留心觀察周遭環境對自己的限制，客觀評估自己的實力，藉此調節為自己設定的標準。

倘若發現所設定的標準並不算太高，但卻仍不能達到這些標準，便要反省自己是否已充分發揮自己各方面的能力，以致自己仍未能達到設定的目標。在本書其他各章中，我們討論了提升多種能力的方法，可供讀者參考。

自我評價

人的情緒反應很多時候是由自我評價激發的。當看到自己有成就了，會感到自滿和快樂，當看到自己失敗了，則會感到頹喪悲哀。

有些人喜歡將所有的蛋都盛在一個籃子裡，這樣便可以一口氣將所有的蛋運走。但要是籃子翻了，所有的蛋也會被摔破。有些人將蛋分放在不同的籃子裡，這樣在運送雞蛋時便比較麻煩。可是，要是其中任何一個籃子翻了，也不致把全部的蛋摔破。

耶魯大學的 Patricia Linville 發現，同樣的道理亦可以應用於自我評價和情緒反應上。她發現一些人只有一個整體的自我概念。他們習慣全面地評價自己：「我是一個有用的人」、「我是一個沒有存在價值的人」、「我是一個成功的人」或「我是一個失敗的人」。他們就像將所有蛋放在一個籃子裡，當有點成就時，便覺得自己是一個成功的人，感到非常高興。但當他們遇到挫折時，便覺得自己是一個失敗者，因此變得非常失意。這些人的情緒會隨著他們的生活際遇大起大落。

更重要的是，由於他們只有一個整體的自我概念，只要在生活上某一方面受挫，便會全面否定自己的價值。譬如在失戀時，便覺得自己是個不值得愛和沒有存在價值的人；在考試失敗後，便覺得自己是個一事無成的人，而忽略了親人對自己的關心或自己在其他方面的成就。不少人在生意、學業或感情失敗後走上自殺的路，實在不必要。

相反地，有些人的自我概念比較複雜。他們的自我概念是由多個部分組成，而各部分間並沒有緊密的關連。他們看到自己的健康、相貌、學業、家庭和事業均是自我的一部分，並且能夠個別地評價自己在各方面的表現。譬如，他們也許會覺得自己雖然相貌並不出眾，但健康和道德修養卻不錯。他們就像將雞蛋分放在不同的籃子裡，不會因為自己在某方面有成就，便概言自己是一個成功的人而感到非常高興，也不會因為在某方面遇到挫折，便斷言自己是一個失敗的人而感到十分頹喪。在日常生活中，他們的情緒較只有一個整體自我概念的人來得穩定（Linville, 1985）。

—樂觀的態度

人們常有機會在生活中遇到挫折。挫折能令人們感到沮喪。可是有些人很快便復元，重新振作，而有些人則從此心灰意冷，甚至變得抑鬱無助。

賓治凡尼亞州大學的 Martin Seligman 發現自幼年開始，小孩子便以不同的態度面對挫折。悲觀的小孩子覺得受挫是因為自己個人的素質和能力差，而樂觀的小孩子則認為受挫是因為一些外在、不穩定或特殊因素（例如運氣不佳、工作的挑戰性太大）造成。在一項自 1985 年開始，歷時五年的調查中，五百多名兒童每半年接受一次測試。研究的目的是為了探索樂觀和悲觀的態度與抑鬱間的關係。結果發現悲觀的兒童有較嚴重的抑鬱傾向。在一共九次的重複測試中，抱樂觀態度面對挫折與抑鬱程度間的相關度在 .24 至 .51 間。更重要的是，樂觀的態度可以可靠地預測抑鬱程度的變化。樂觀的小孩子抑鬱程度會隨時間下降，而悲觀的小孩子抑鬱程度則會隨時間上升（Nolen-Hoeksema, Girgus, & Seligman, 1992）。

樂觀的態度還可以預測國家領導人在民主選舉中能否獲勝。Seligman 分析了自 1900 年到 1984 年，二十二次美國總統競選時，民主黨和共和黨候選人接受提名參選時的演講辭。發現如果候選人的演講辭較對手多含悲觀的內容，這位參選人在參選期間拉票時，便較對手鬆懈，而落選的機會亦高達二十二分之十八（Zullow & Seligman, 1990）。

比較研究發現，中國內地人士比居美華人較悲觀，而居美華人又比美國白種人悲觀。同時，在中國內地人士當中，樂觀的人較悲觀的人有恆心、能幹、對前景有信心，他們的收入也較高（Lee & Seligman, 1997）。這些結果是否暗示：中國人應該嘗試以較樂觀的態度面對人生呢？

在美國，已有研究員開始在小學設計課程，幫助有抑鬱傾向的小孩子辨認哪些面對問題的思想方法比較悲觀，並輔助他們使用較樂觀的思想方法來面對生活經驗。初步結果顯示，經過十二個星期，每星期一個半小時的訓練後，這些小孩子的抑鬱程度在兩年內並沒有上升。反之，另一群有抑鬱傾向但卻沒有接受訓練的小孩子，卻在兩年內顯著地變得更抑鬱（Gillham, Reivich, Jaycox, & Seligman, 1995）。

當然，悲觀不一定總比樂觀壞。普斯頓大學的 Nancy Cantor 發現有時人們在面對挑戰時，會故意抱悲觀的態度，覺得自己是會失敗的。可是，他們雖然悲觀，卻不自暴自棄。相反地，他們會努力準備應付挑戰。Nancy Cantor 稱這種悲觀態度為防禦性的悲觀態度，因為持有這種態度的人，預料自己會失敗，所以即使真的失敗了，也不會感到很沮喪。他們雖然抱著必敗的心情應戰，但仍努力地做好準備，要是真的成功了，便會喜出望外。

Cantor 測量大學生在入學時，是否抱有防禦性的悲觀態度。她發現抱有這種態度的人在早期的學業成績上，並不比樂觀的同學遜色，這是因為持防禦性悲觀態度的人在測驗考試前，戰戰兢兢，全神貫注地防止失敗發生（Cantor, Brower, Niedenthal, & Langston, 1987）。

可是要長期戰戰兢兢地備戰，身體和精神上難免有所消耗。因此，抱防禦性悲觀態度的學生到大學四年級時，不但成績退步了，身體和精神健康也開始出現問題（Norem & Cantor, 1990）。似乎防禦性的悲觀態度雖能產生一時的效用，但卻不是長久之計。

━小結

我們在本章中，介紹了幾種可以幫助調控情緒的方法，指出情緒調控和自我調控的緊密關係。要調控自己的情緒，可從釐定較切合實際的標準著手，並反省有沒有作整體評價自己的習慣。亦可反躬自問，在遇到挫折時，會否抱著過於悲觀的態度，認為受挫完全是因為自己的問題。若能做到這幾點，在日常生活中，心境也許會變得較平和了。

結　語

情緒是動物與外物接觸時的一種自然反應。不少較低等的動物就是憑著這些反應，決定牠們應變的方法。在漫長的進化過程中，人類漸漸地以理智替代了情緒作為決斷的基準。可是情緒和理智仍是互動的，這種互動並沒有好壞之分。有時，情緒可以令人們留意到自己的價值，了解自己的喜惡。如以上所說，情緒也能夠暫時增加個人的體能，令自己能更有效率地應付環境的挑戰。因此，善於運用情緒來輔助思維，是情緒智能的重要一環。

可是情緒也可以滲透人們的思慮過程，影響決斷。過度激烈的情緒反應對個人的工作、身心也有不良的後果。因此，懂得調節和駕馭情緒，也是情緒智能的重要組成部分。

情緒智能和其他能力的關係很密切。在上文中，我們已描述過情緒對分析能力的影響。在第九章中，我們也會論及情緒與溝通能力的關係。在這裡，我們再以社交才能為例，說明情緒智能與其他能力的關係。

明顯地，情緒不穩定的人的行為比較難以預測，也只有較少人願意和他們結交。因此，情緒智能可以影響社交能力這點並不難理解。比較有趣的是，我們的研究顯示情緒低落的人在與自己不喜歡的人相處時，會不期然地悲觀起來，覺得很多不幸的事最後都會發生在自己身上。事實上，一個長期抑鬱的人要是很討厭某人，只要聽到某人的名字，便會驟然悲觀起來（Cheng, 1996）。由於悲觀的態度會強化抑鬱感，一個惡性循環便透過惡劣的社交關係形成了：抑鬱的人遇上自己不喜歡的人時，便不期然悲觀起來，而悲觀的態度又進一步強化抑鬱，周而復始，問題變得愈來愈嚴重。要打破這惡性循環，必須及早著手干預，不要讓情緒越拉越緊。

Daniel Goleman〈情緒智能〉一書出版後，真的使情緒智能這概念深入人心。可是 Goleman 一書中常把其他能力（如意志力）也納入了情緒智能的範疇內，造成了一些概念上的混淆。我們希望透過這一章和本書其他有關章節，幫助讀者進一步了解這種重要才能的本質。

第8章 意志力

愚公覺得山阻路，決定把山移去。智叟認為愚公的想法很笨，即使一個年輕健壯的人，耗一生之力，也移不動山的一隅，何況年邁的愚公。愚公雖愚，但他有恆心、有毅力，結果感動上天，以神力助愚公將山夷平。在這個故事中，愚公愚，卻把山夷平了；智叟智，但卻一事無成。

愚公移山是一個神話故事。雖然是神話，但它卻反映了累積數千年的一種民間智慧。單靠小聰明，但卻用心勿恆，也很難創造出有大智慧的成果來。反之，資質平庸，但卻肯孜孜辛勤地鍛鍊自己，將來可能會有很大的成就。「鐵杵磨成繡花針」這句諺語將這種重視恆心毅力的民間哲學表達得清楚無遺。

「十年寒窗，一舉成名」，在傳統的科舉制度下，讀書人只有透過刻苦地約束自己，勞力供讀，才可在公開考試中獲得官職，一展抱負。時代不同了，現代的讀書人再不需要以螢囊取光、苦讀達旦來取得成就。但恆心和毅力對個人成就，仍十分重要。不少小孩子很早便立志要在長大後，成為律師、醫生或建築師。他們要完成這些目標，便要先完成中小學的基礎學習，再進大學和專業學院進修，才能取得專業資格。

社會富庶了，年輕人不用再鑿壁偷光，但他們卻要面對富庶社會中的種種誘惑。在現代社會中，小朋友下課後，可能接獨到電視和各種引人入勝的玩具。他們很容易會沉迷於外界的誘惑，不願用功完成家庭作業。

成人的經濟能力較高，要面對的誘惑也比小孩子多。即使在工作時，員工很多時候也會貪一時的閑逸，而放棄學習可以提高工作績效的新技能的機會。

由於外在的種種誘惑，人們常會面對一個難題：到底要即時行樂，還是要延遲滿足以求完成較長遠的目標呢？譬如，明天便要向上司發表一份工作建議書，但你對建議書的內容並未完全了解。你可以在下班後努力研究建議書的內容，因為你知道明天的表現對你的前途很重要。但今天晚上電視卻要播放一場你很想收看的足球比賽。你會選擇看電視，還是工作呢？

研究顯示：意志力是成功的關鍵之一。我們擬在本章中介紹兩種需要意志力的情境，並討論在這兩種不同的情境中，提升意志力的方法。

第一節　意志力的考驗

意志力是指抗拒誘惑，有恆心、有毅力地完成目標的能力。在日常生活中，雖然定下了目標，可是由於外界的種種誘惑，人們常不能持之以恆，結果雖然得到一時之快，但卻不能實現自己的理想和抱負。在中國歷史上，不少聰明的君主因貪一時的逸樂，結果荒廢朝政，抱憾終生。就以商朝的末代皇帝辛紂為例，他本來是一位很有能力的人，可是因沉迷酒色，終國亡身滅。

在很多需要意志力的環境中，人們面對著一種矛盾：到底應該為了長遠的目標而犧牲眼前的逸樂和滿足，還是放棄追逐遙遠的目標，及時行樂。一個人在面對這種矛盾時，他如何抉擇當然和他的人生態度有關。譬如，杜甫矢志「致君堯舜上，再使風俗淳」，便不屑效「裘馬自輕肥」的五陵少年那樣紙醉金迷。反之，豪情如李白，卻認為「天生我才必有用，千金散盡還復來」。

到底人生在世，應該抱著「有花堪折直須折，莫待無花空折枝」的態度，還是應該為了達成自己的雄心壯志而不惜「白了少年頭」呢？這個問題的答案見仁見智，主要視乎一個人的價值觀念而定，心理學家不能為任何人做出決定。

有些人心存遠大，但卻感到目標遙不可及，即使盡了最大的努力，仍不能完成目標。在有心無力的情況下，放棄了長遠目標，也無可厚非。事實上，如果一個人不理會是否可能達到目標，只是盲目地向著目標努力，也不一定是適應力高的表現。譬如詩人陸游「當年萬里覓封侯」，但是卻忽略了客觀環境的限制，結果徒有令人敬佩的理想和抱負，到頭來只餘「心在天山，身老蒼州」的感慨！

也有些人決定要追求長遠的目標，而且覺得只要肯堅持下去，應該會有成果的。可是他們在追求的過程中，卻不斷地受到誘惑。雖然不想放棄，但卻感到自己意志薄弱，無法抗拒誘惑，最終還是放棄了追求自己的目標。他們心有不甘，對自己的決定耿耿於懷。這種行為模式，便欠缺適應能力了。而心理學家的研究，也集中於一個人怎樣才可以完成自己重視、且是自己能力所及的長遠目標。

心理學家設計了兩種情境，來模擬在日常生活中人們如何面對意志力的考驗。一種是等待情境。在這種處境中，受測者如果要得到較大的獎勵，便要等待一段頗長的時間。如果他不願意等的話，便只能夠得到較小的獎勵。譬如在現實生活中，你很希望擁有一幢屬於自己的房子，於是便把收入儲蓄起來。在這種處境中，你可能常會遇到外來的誘惑，想將錢花在各種消費品上，換取微薄的即時享樂。值得注意的是，在這種情境中，除了要定期把收入儲存起來外，你只需要有耐性地等待，不被誘惑所動，便可以達到長遠的目標。

在另一種情況下，為了達到長遠目標，你不但要放棄即時的滿足，還要孜孜辛勤地為目標努力。愚公移山便是一例。其他較具生活意義的例子包括：嘗試在學校取得好成績，便要放棄即時的享樂，努力學習；僧侶為修成正果，便要放棄七情六慾，專心參悟禪機。在心理學實驗中，受測者要專心致志地完成一些頗沉悶的工作，才可得到他們渴望得到的獎勵，但在工作期間，誘惑不斷在他們眼前出現。到底要取一時之快，還是專心完成沉悶的工作呢？這正是他們要面對的考驗。

等待情境和專心工作情境均需要意志力，但人們在兩種情境下的心理經驗卻很不同。因此，在這兩種情況下，提升意志力的方法也不同。在以下兩節裡，我們會對這兩種情境，逐一作較深入的探討。

第二節　等待情境

在一項等待情境的研究中，Walter Mischel 把兩盤棉花糖放在一位四歲的小孩子面前。其中一盤盛著一粒棉花糖，另一盤則盛著數粒棉花糖。研究員把一個按鈴放在小孩子面前，然後告訴小孩子研究員要離開房間一會兒，如果小孩子可以在房間內等候直至研究員回來，他便可以享用數粒棉花糖。但如果他不想等下去，便可按一下按鈴，研究員便會馬上回來，而小孩子則可享用一粒棉花糖。在小孩子完全明白研究員的指示後，研究員便會離開實驗室二十分鐘，其間小孩子如果按了鈴，研究員便會馬上回來。在這項研究中，研究員有興趣知道的是，小孩子等候了多久才按鈴。

在這項測試中，小孩子面對著很大的矛盾：到底應該嘗試克制自己，以取得較遙遠而較多的糖果，還是不再等下去，先喫下眼前美味的一粒棉花糖呢？參與這項測試的小孩表現很參差。有些小孩子一直等了二十分鐘，有些則等不到一分鐘便按鈴了。

有趣的是，研究員在十幾年後訪問這些受測者的父母。這時，這些受測者已是大學生了。研究員發現等待測試的表現和日後的成就有很大關係。愈能夠在四歲時延遲滿足的小孩子，長大後在大學公開入學考試的成績也愈好；同時，延遲滿足能力高的小孩子，也被父母評為較能幹、辦事較有計劃、較專心、較能夠控制自己、抗拒誘惑和面對挫折。由此可見，在等待情境中測量出來的意志力，對一個人的成長和成就都很重要（Shoda, Mischel & Peake, 1990）。

當然，Walter Mischel的棉花糖測試大概不適用於成年人。可是，它的基本概念略經改良，便可用來測驗成年人在等待處境下的意志力。譬如，在我們的一項研究中，請成年人預先選擇了一份他們喜歡的獎品（例如一些小飾物）。然後，我們請他們參與一項十五分鐘的心理實驗。我們告訴他們實驗的目的是為了觀察一個人在完全缺乏外界刺激的情況下會有什麼反應，然後請他們戴上眼罩和耳機。受測者透過耳機只聽到單調的噪音。我們告訴受測者在實驗期間，如果他們不想繼續參與，便可到實驗室外的閱覽室閱讀雜誌和觀看電視。可是，如果他們想得到那份獎品的話，便必須完成整項實驗。我們有興趣知道的是，受測者熬了多久，才決定放棄參與研究。

我們在戒毒中心進行這項研究，發現受測者的表現很參差。而且，他們的表現和戒毒成功的機會有很密切的關係。越遲放棄參與研究的病人，戒毒成功的機會也愈高。

—— 意志力的提升

意志力對達成個人長遠目標十分重要。到底如何才能在等待情境下提高延遲滿足的能力呢？Walter Mischel發現比較能夠延遲滿足的小孩子，和延遲滿足能力較低的小孩子相比，較常在等待期間分散自己的注意力，不會全神貫注在糖果上。譬如，他們在等待期間，較少凝望糖果。反之，他們較常自己跟自己說話，獨自歌唱玩耍，甚至嘗試入睡。事實上，在一項研究中，發現如果將糖果覆蓋著，令小孩子在等待期間看不到糖果，他們的等待時間便可以大大延長（Mischel & Ebbesen, 1970）。由此可見，在等待情境中，如果過分留意可以從物質上獲得的快感，人的意志力便容易崩潰。

很多宗教訓練均強調誦經禱告，其中一個原因是：

宗教家相信透過禱告，可以增加信徒對神的信心。很多宗教都假設人的靈性與物慾是相矛盾的，誦禱的另一種功用可能是：將個人的注意力從物慾滿足的誘惑轉移到經文上，令信徒更容易達成靈性修鍊的目標。

為什麼將糖果暴露會使小孩子延遲滿足的能力降低呢？當小孩子看到糖果就在自己眼前時，可能不期然會想到糖果有多美味，忍不住垂涎三尺，要延遲滿足便很困難了。如果在這時候，令小孩子在看到糖果時，不去想糖果的味道，而去想想糖果的某些抽象特性，小孩子便更能抵受糖果的引誘了。在一項研究中，研究員將棉花糖放在小孩子面前，跟上述的研究一樣，要是小孩子能等研究員回來，便可以得到較多棉花糖。若是小孩子等不及按了鈴，便只得到較少的棉花糖。在實驗開始時，研究員告訴一些小孩子：

> 「請望著這些棉花糖。看它們有多香甜、軟滑。你一面看著棉花糖，一面想想當你把它們放進口中，它們是多香甜、多軟滑……。」

在這種情境下，小孩子在等候時，便不由得不垂涎欲滴，要他們延遲滿足便十分困難了。結果他們平均只等了約五分半鐘便按鈴了。

對另一些小孩子，研究員在實驗開始時卻這樣說：

「請望著這些棉花糖。它們是圓形、白色和肥腫的。你一面看著棉花糖，一面想著它們是白色和肥腫的，就像白雲一樣。所以你可以一面看著棉花糖，一面想著白雲……。」

在這種情境下，小孩子雖然看著棉花糖，但卻不會想到從棉花糖中可以獲得的快感，棉花糖的吸引力便大大降低了。在這種情況下，小孩子平均可以等十三分半鐘才按鈴（Mischel & Baker, 1975）。

這項研究的結果，為提升意志力提供了一點重要的啟示。雖然分散注意力對提升意志力有很大幫助，但在日常生活中，人們總不能老是逃避物慾的引誘。一個嘗試節食的人，可以儘量避免接觸糖分高的食物。可是在日常飲食中，要完全避開這類型的食物實在談何容易！所以，在無法避免要接觸這類型的食物時，懂得將自己的思想集中在食物的抽象特質上，便可大大降低食物的誘惑。譬如一個患有糖尿病的病人，當看到一份很美味的甜點時，可以嘗試分析甜點含糖量多少、碳水化合物含量多少、可以產生多少熱能等等。這樣做可能可以幫助這位病人，更有效地調節飲食。同樣的方法，對有決心戒煙、戒酒，甚至戒毒的人也可能有用。

佛家對情慾困擾人生，造成種種苦果，探討得很深入，而他們提出處理情慾的方法也十分徹底。佛家認為，宇宙一切事物均流變不居，沒有定性。可是，人們卻喜歡把價值繫之於各種官能感覺上，至有喜、怒、哀、樂、愛、嗔等七情六慾。偈云：「樓上樓復樓外樓，樓台七寶錦心繡。」意思是說世上五色財氣的誘惑，乃是因為人們將價值繫之於五色財氣引發出的感官刺激上。因此，要擺脫外物的誘惑，就要看破官能刺激所誘發的滿足其實只是一種空相。這個道理在〈心經〉中說得最明白：「觀自在菩薩行深波羅密多時，照見五蘊皆空，度一切苦厄。」佛教徒為了追求涅槃極樂的最高修道境界，常在七情六慾中掙扎，而他們擺脫外物誘惑的方法，就是要參透「色即是空」的道理。

心理學家不一定認同無住不偏執是個人成長的最高境界，但心理學研究也指出：透過想像，人是可以把物慾的刺激轉化，變成虛妄的圖像，從而降低物慾的誘惑。在一項研究中，參與研究的小孩子也是要等待研究員回來，才可以得到較多棉花糖。在研究開始前，研究員將一張棉花糖的照片給一些小孩子看，然後告訴他們：

> 「你知道什麼是棉花糖嗎？真的棉花糖是可以看得到，摸得到的。這裡有一張棉花糖的照片。你閉上眼睛，想像真的棉花糖就在你眼前。在你眼前的，再也不是照片了，而是真正

的棉花糖了……。」

在這情況下，雖然小孩子眼前只看到棉花糖的照片，但透過想像，棉花糖已在小孩子的腦海中變成真的糖果了。結果，小孩子平均等不到六分鐘，便按鈴不再等下去了。

在研究中，研究員將棉花糖放在另外一些小孩子面前，然後告訴他們：

「你知道什麼是照片嗎？你在照片中看到的東西只是一個影像，不是真實的東西。現在你面前有一些棉花糖。請閉上眼睛，幻想棉花糖在照片中出現。試想像棉花糖被一個方框圍著。現在在你眼前的是一張棉花糖的照片，而不是真正的棉花糖……。」

在這情況下，雖然棉花糖就放在小孩子的眼前，但透過想像，棉花糖已變成了一個虛假的影像，再不是真實的糖果了。結果，這些小孩子平均可以等候近十八分鐘才按鈴（Moore, Mischel & Zeiss, 1976）。

總括來說，能抵受外來誘惑的刺激，堅持等候較遠大的回報，對一個人的成就可以有很大的貢獻。在日常生活中，要提升延遲滿足的能力，令自己更能夠守候到將來較大的回報，可以：①避免將注意力貫注在即時的回報上；②在不能避開即時滿足的誘惑時，嘗試將注意力集中於即時回報的抽象特質上，避免去想即時回報可以誘發出的快感；和③嘗試透過想像，將即時回報變成虛幻的影像，藉此降低即時回報的吸引力。

第三節　專心工作的情境

我們在上一節中，討論了如何抗拒即時滿足的誘惑，去守候較大的長遠回報。在這一節中，我們會集中討論另一種需要意志力的情境。

在追求長遠目標的時候，人們常常要專注於一些較沉悶的工作，從而獲得回報。可是在工作期間，常常有一些較有趣的事物在身旁出現，也有一些較具娛樂性的活動可以參與。這些外在因素，常會令人們分心，甚至半途而廢，無法完成自己的目標。因此，即使在面對誘惑時，仍能專心致志地繼續工作，是達成長遠目標的重要助力。

有些人可能認為人們不能專心完成自己要做的事情，是因為他們沒有下定決心要把事情做好。當然，沒有決心要把事情做好，在遇到誘惑時，很容易就會半途而廢。可是，心理學的研究卻指出，即使已經下定決心，有些人在工作時仍較容易分心和較難貫徹始終地把工作完成（Gollwitzer & Brandstatter, 1997）。

為什麼呢？研究指出，即使一個人已下定決心把工作完成，如果沒有一個具體的施行計劃，能夠成功地完成工作的機會便會較低。

目標和決心只能為一個人提供工作的方向和動力。「我很想在聖誕節前寫完這本書。」說這句話的人有決心要在某一期限前完成一項工作，他是既有目標，也有決心。目標令他知道工作的方向，而決心令他有動力去避開種種聖誕節前的慶祝活動，專心寫作。但到底他能否完成工作，便視乎他有沒有具體的施行計劃了。

施行計劃是指：當某種情境出現了，一個人會採取什麼行動來把工作完成呢？在上述的例子中，一些施行計劃包括：「如果有人請我參加聖誕聚會，我會婉轉地推卻那人的邀請。」或「當別人勸我在聖誕期間多休息、少工作時，我會提醒自己要在限期前把這本書寫好。」在這兩個例子中，施行計劃將一些特定情境和應變行動聯繫起來。當作出這些計劃的人遇到這些情境時，便會馬上知道如何應付，因此，更能夠抗拒外來的引誘，專心地完成工作。

在一項調查研究中，研究員在聖誕假期前，請一群大學生列出他們希望在假期中完成的工作和施行計劃。有些工作目標很容易達到，有些則比較困難。有些工作目標已具施行計劃，有些則仍沒有。結果，那些容易完成的工作目標，不管有沒有施行計劃，均可以差不多全部完成。可是那些較困難的目標，要是沒有施行計劃，只有百分之二十的目標可以完成。同樣是困難的目標，要是有了施行計劃，百分之六十的目標均可以完成（Gollwitzer & Brandstatter, 1997）。由此可見，在要達成較困難的工作目標時，除了下定決心外，仍要有具體的施行計劃。

施行計劃有兩種，一種是促進性的：「當某情境出現時，我會專心致志地工作。」這種施行計劃強調在誘惑出現時，要更專心地工作。另一種是壓抑性的：「當某情境出現時，我會阻止自己分心。」這種施行計劃強調在誘惑出現時，要盡力壓制自己，令自己不為誘惑所動。

到底那種施行計劃會較有效呢？為了回答這個問題，Patterson與Mischel（1976）將小孩子分成四組。每組小孩子在實驗開始前，會看到一件他們喜歡的玩具和一件破舊的玩具。研究員告訴他們，如果他們能在指定時間內完成一項頗沉悶的工作，便可以獲得他們喜歡的玩具，不然，便只會獲得那件破舊的玩具。

跟著，研究員要小孩子將眾多小木樁放進木板上的小孔內。木板前放著一個小丑箱。研究員告訴小孩子，當他們在工作的時候，小丑箱會不時自動打開，並召喚小孩子往小丑箱內看看他們喜歡的玩具。

這項實驗其中一個目的是要考驗小孩子的意志力。如果小孩子要獲得自己心愛的玩具，便要專心於工作，在小丑箱打開時，也不要去理會它。

在實驗開始時，研究員向第一組小孩子說：

> 「你嘗試想一些方法來令自己可以專心工作，不要給小丑箱拖慢你的進度。我知道你是可以辦得到的。」

對第二組小孩子，研究員向他們提供促進性施行計劃的指引：

> 「當小丑箱喚你往箱裡看玩具時，你便全神貫注在木樁板上，並告訴自己：我會專心工作。」

對第三組小孩子，研究員則向他們提供壓抑性施行計劃的指引：

> 「當小丑箱喚你往箱裡看玩具時，你便不去看它，並告訴自己：我不會去看小丑箱。」

最後，對第四組小孩子，研究員向他們同時提供了促進性和壓抑性的施行計劃指引：

「當小丑箱喚你往箱裡看玩具時，你便全神貫注在木樁板上，不去看小丑箱，並告訴自己：我不會去看小丑箱，我會專心工作。」

多種測量的結果均顯示，壓抑性的施行計劃指引對提升小孩子的意志力很有幫助。接受了壓抑性施行計劃指引的小孩子，和沒有接受任何指引或只接受了促進性施行計劃指引的小孩子相比，花在插木樁的時間較長，插好的木樁也較多。當小丑箱打開時，接受了壓抑性施行計劃指引的小孩子，平均只往小丑箱望了五秒便繼續工作。其他兩組小孩子在小丑箱打開時，平均往小丑箱望了十六至二十四秒才返回工作崗位。研究結果也顯示，促進性的施行計劃對提升意志力沒有很大幫助。類似的結果在其他研究中也有發現（Gollwitzer, 1996; Mischel & Patterson, 1976）。

為什麼壓抑性的施行計劃會比促進性的施行計劃有效呢？這仍是一個不解之謎。一個可能的解釋是：由於在實驗中小孩子要完成的工作比較沉悶，即使小孩子有了促進性的施行計劃，在小丑箱打開時，能精神抖擻，嘗試專心工作，但工作畢竟沒有小丑箱內的玩具那樣有趣，只要小孩子望了玩具一眼，便很容易給玩具吸引住。可是，如果小孩子有了壓抑性的施行計劃，在小丑箱打開時，便馬上控制自己不去望箱內的玩具。這樣，即使玩具有多吸引人，也不容易奪去小孩子的注意力了。

要之，在要專注於工作的情境下，人們或會遇到外來事物的引誘。在這種情況下，單靠決心是不足以完成自己的工作目標的。要在這種情況下提高自己的意志力，便要在工作前安排施行計劃。如果工作性質比較沉悶，安排壓抑性的施行計劃可能會比安排促進性的計劃來得有效。

結語

我們在這章中，介紹了兩種需要意志力的情境，和在各種情境下可以提升意志力的方法。在這裡值得強調的是，意志力是一種幫助人達成目標的重要能力。如果沒有了意志力，不管一個人有多遠大的理想、崇高的抱負，在遇到誘惑時，均可能中途放棄。可是意志力也只是一種工具性的能力，視乎一個人追求的目標是什麼，意志力可以助人達成善良的志向，亦可以助人完成負面的目標。

人們常將意志力看作是一種美德，這便有點本末倒置了。從道德發展的角度來看，人應先定下道德目標，然後才藉著意志力達成這目標。將意志力看作是值得追求的道德目標，便容易忽略了外在環境的種種限制，盲目地去追求一些沒有意義和遙不可及的目標了。〈山海經．海外北經〉載有夸父逐日的故事：「夸父與日逐走，入日；渴欲得飲，飲於河渭。河渭不足，北飲大澤。未至，道渴而死。」夸父與太陽競賽，至筋疲力盡，渴死道上。他的意志確是很堅定，但藉著與太陽競賽來證明人可勝天，是不是一項有意義的挑戰？又是否有點像挾泰山以超北海？夸父的意志力是否值得嘉許呢？恐怕還是見仁見智了。

第9章 溝通能力

溝通雖然不是人類獨有的能力，但懂得利用語言符號向別人表達複雜的思想和感情，確是人類的一大成就。人類透過溝通傳播訊息；把個人的經驗和感受與人分享，與人建立交誼，將自己的和別人的心靈世界聯繫起來。

在談及溝通能力時，很多人會聯想到古今中外不少外交家雄辯滔滔，以三寸不爛之舌，斡旋於列國之間，建立不世的功業。蘇秦張儀的辯才，諸葛武侯的舌戰，確是傳頌千古的例子。在歐洲，早在古希臘時期，亞里士多德已注意到辯才對政治的重要性，故寫了〈修辭學〉一書，系統地闡述遊說的原則和技巧。

但溝通能力，並不局限於遊說別人的能力。很多美國人覺得克林頓總統善於溝通。他在競選中獲勝，除了因為他能說服選民他比對手更有創見外，亦因為選民覺得他比對手更願意聆聽國民的心聲，更懂得用一般國民明白的語言（而非華盛頓官僚慣用的行語）與選民交談。事實上，在日常生活中，克林頓這種溝通能力，比懂得遊說別人可能更重要。

有些人認為溝通能力和語文能力有很大關係：語言能力高的人，溝通能力也越高。無疑，語言是溝通的重要媒介。善於使用語言表情達意，對溝通是很有用的。可是，能否適當地使用語言，除了語文能力外，亦受其他因素影響。這些因素包括溝通的環境和溝通者如何審裁溝通對象、對溝通內容的認識等（Krauss & Chiu, 1998）。要明白這些因素如何影響溝通，便要先了解溝通的基本歷程。在以下的章節中，我們擬先描述溝通的基本歷程，然後再探討這些歷程對了解單向和雙向溝通的意義。

第一節　溝通的基本歷程

不少心理學家常把溝通比擬為一種資訊傳播的歷程。當兩個人在交談時，一方將要溝通的訊息，藉著語言，傳播到另一方。更具體而言，甲方在說話時，口部和喉部的發聲機關使空氣產生振動，造成聲波。乙方的聽覺器官感應到甲方說話時產生的聲波，然後再將聲波翻譯為語言。如果乙方明白語言所傳達的意思，甲方便成功地向乙方溝通了自己的思想。

我們可以更具體地描述這種溝通歷程涉及的物理和生物學原則，但讀者只需回想小時候可能也曾經接觸過的一種溝通玩具，便會明白上述溝通理論的基本假設。要製作這玩具很簡單，只要用長魚線連起兩個空金屬罐的底部，然後二人各拿著一個罐向相反方向走，直至把魚線拉緊了。甲方向著空罐說話，而乙方則把空罐靠在耳旁。這樣，即使甲和乙相距二、三十呎，乙方也可以清楚聽到甲方的說話。為什麼呢？甲方說話時，甲方罐內的空氣會產生振動，空氣衝擊甲方鐵罐的底部，由於魚線與鐵罐相連，魚線也會顫動起來。乙方的鐵罐底部也接連著魚線，魚線的顫動使乙方鐵罐的罐底和罐裡的空氣也振動起來。乙方的耳朵感受到罐裡空氣的振動，將訊息傳到大腦。當大腦把訊息翻譯為語言後，乙方便接收到甲方要傳達的思想。概言之，在這溝通理論下，傳意的一方，透過改變溝通對象的物理環境，把意思向外傳遞。溝通對象，則透過感覺系統將環境訊息還原為甲方嘗試溝通的意思。如果甲乙雙方在溝通上出現困難，乃是因為訊息在傳播過程中受到干擾，令乙方無法從環境訊息中，把甲方嘗試傳達的意思還原。

這理論雖然簡單，但日常不少溝通工具（如電話、電報）的發明，也是以這理論作藍本的。由這理論衍生的行語，如訊息來源、編碼器、通訊頻道、解碼器和訊息終點站等，不單已被通訊科技界普遍接納，也開始變成日常語言的一部分了。

訊息傳達是溝通的重要功用。但人們如何從別人傳遞的語言訊息中，了解對方要溝通的意思呢？這問題看似十分簡單，其實卻非常複雜。為什麼呢？語言中常有一辭多義的情況。譬如說：「我不認識這位大師。」說話中的「大師」可能是一位被公認為是在某方面有傑出成就的人物（例如佛洛依德是一位「心理學大師」），也可能是指一位僧人。這種一辭多義的情況，可以用來產生文學效果，如在李白的一首詩中，有「黃鶴樓中吹玉笛，江城五月落梅花」之句。句中的「落梅花」其實是或笛曲名，但亦可表達朵朵梅花從黃鶴樓上飄下來的意象。

有時，一辭多義也可以造成溝通上的誤會。這些誤會或許會導致嚴重的後果。譬如在清朝時，徐述夔看到風吹書頁，便戲為「清風不識字，何故亂翻書」之句。後來，乾隆皇帝卻將詩句解作「滿清本來是不識字的蠻夷，幹嗎要搞文化工作！」於是，皇帝下令將早已逝世的徐述夔剖棺剉屍，並將他的兒孫處斬。又譬如沈德潛曾作詠黑牡丹詩一首，中有「奪朱非正色，異種也稱王」之句。本來「朱」是指紅色，亦即是牡丹花最常見的顏色。但乾隆皇帝卻把「朱」字理解為朱姓的明朝，將「正色」解作正統皇朝，認為沈德潛是借詩來嘲諷清皇朝強奪了明朝的正統地位。那時沈德潛已辭世，乾隆仍要追究責任，下令剖棺剉屍。

在日常溝通時，說話的字面本義和說話的人嘗試溝通的意思可能相差很遠。譬如：「你可不可以告訴我現在是幾點鐘？」句子的字面本義是：你有沒有能力告訴我現在是幾點鐘？可是這個句子要傳達的意思可能是：「請告訴我現在是幾點鐘。」又譬如，晚飯後，妻子向丈夫說：「昨天的碗碟是我洗的。」丈夫可能會明白，雖然妻子說的話，字面本義是她昨天清洗了碗碟，但她嘗試表達的意思卻是「今晚該由你清洗碗碟了。」

因為有一辭多義和意在言外這兩種語言使用的現象，要明白別人說的話，便不能單靠分析說話的字面本義了。事實上，要明白對方說話的意思，必須要從對方言談的字面本義和溝通環境，來推斷對方嘗試溝通的思想。在作這種推斷時，人們可能會出錯而產生誤解。譬如，乾隆皇帝看到滿漢兩族的種族矛盾，從徐述夔和沈德潛詩句的字面本義，推斷他們是借詩句來嘲諷滿清政府。這種錯誤的推斷，令文字獄在乾隆一朝接二連三地出現。

由此可知，在溝通時，聆聽者需要嘗試推斷對方要傳達的訊息。譬如你向朋友說：「今天下班後一起看電影，好嗎？」你的朋友卻告訴你：「我必須在明天上班前完成這份報告。」這時候，你大概會推斷你的朋友是在告訴你，他晚上沒有時間看電影了。

又譬如，你收到一位老朋友的便條，上面寫著：「今晚七點鐘，老地方見，不見不散。」你大概會推斷，老朋友寫「不見不散」，是要告訴你千萬要來，不要失約，而不是告訴你如果沒有遇上對方，便在各自等候的地方一直等下去，直至地老天荒。

有趣的是，為什麼你的朋友會寫一張這樣的便條給你呢？明顯地，他推斷你會知道老地方在那裡。他也推斷你能夠推斷到不見不散的言外之意。換言之，他推斷你能夠推斷到他的意思。同樣地，在電影約會的例子中，你的朋友推斷你能夠推斷到他要溝通的意思，才會在回答你時，迂迴地說明天上班前要把報告完成。

因此，在溝通過程中，聽者和講者均要作出很多推斷。聽者要推斷講者嘗試傳達什麼意思，而講者則需要推斷聽者會如何推斷講者要溝通的意思。溝通能否有效地進行，便決定於：①溝通雙方是否願意進行這些推斷；②講者在推斷聽者如何推斷講者的溝通意圖時，推斷是否準確；③聽者在溝通過程中，如果發現溝通者所作有關聽者的判斷並不準確，能否提供回饋，令講者糾正自己的判斷。在以下的數節中，我們會就這三點進一步發揮，探討這三點在提高溝通能力上的意義。

第二節　單向溝通

在工作和學習時，人們經常要向別人作單向溝通。所謂單向溝通，是指甲方單向地向乙方傳達訊息。譬如，大學教師對學生演說，我們寫這本書向讀者介紹多元才能的觀點，均是單向溝通的例子。在商業社會中，單向溝通也很重要。譬如，利用廣告向顧客推介商品，在會議中向客戶或同事發表工作建議或工作報告，也是單向溝通的例子。在單向溝通中，講者固然可以主動地請聽眾就自己的講詞作出回饋，也可以多留意聽眾的面部表情，以評估聽眾是否明白自己發表的內容。但在單向溝通中，總不能每說兩三句話，便停下來問聽眾是否明白自己剛才說的話。如果只能利用文章向別人作單向溝通，從讀者身上取得回饋的機會便更低了。

在單向溝通中，語言的使用可能會出現一辭多義和意在言外等現象。聽眾、讀者也需要從語言文字，推斷溝通者希望表達的意思。如果推斷出來的意思與溝通者希望溝通的原意不同，或不同的人對溝通者要表達的意思作出不同的推斷，均會造成溝通上的障礙。在雙向溝通中，溝通雙方可以從對方的回饋，知道對方有沒有誤解自己的說話，但在單向溝通中，往往因為缺乏回饋，溝通者便較難注意到聽眾或讀者的誤解了。

要排除由缺乏回饋產生的溝通障礙，溝通者可在開始演說（或作文章）時，縮窄聽眾可作推斷的範圍。譬如，溝通者可以在開始演說時，開宗明義，先闡明演說的目的，並為聽眾提供一個演說內容的大綱。那麼，聽眾在推斷講詞的意思時，便會將推斷的範圍限制在演說者的演說目的和大綱內，從而減低誤解演說者原意的可能性。

所以，不少有經驗的演說家和作家，常會在演講開始時開宗明義，道出演說的主旨。譬如，戰國時秦國客卿李斯向秦王進諫，勸他不要驅逐從別國來投靠秦國的謀士。他在諫辭中引用了不少歷史事例和類比推論，反覆申述逐客的弊處。在他的〈諫逐客書〉中，首句就道明：「臣聞吏議逐客，竊以為過矣！」秦王一看到這句，便可推斷到諫書中的論點，均集中在逐客的弊端上。在推斷李斯枚舉的歷史事例（如秦繆公起用客卿，秦孝公用商鞅，秦惠王用張儀等）時，秦王便更容易掌握李斯要藉這些史例溝通的意思了。

——評估溝通對象對溝通內容的認識

在作單向溝通時，開宗明義可以幫助溝通對象辨認出溝通者的原意。但在溝通過程中，溝通者也必須肯定自己所使用的辭彙和事例，是溝通對象已經認識的。作為大學講師，在講課時很容易犯錯，以為自己知道的專業辭彙學生也都曉得。於是在講課時，用了大量行語，學生在聽課時便摸不著頭緒了。在李斯諫秦王逐客的例子裡，李斯用了不少史例，如果秦王不認識這些史實，李斯也無法把他的論點向秦王講明。因此，在枚舉這些史例時，李斯必須能夠肯定秦王是懂得秦繆公、秦孝公和秦惠王的用人之道和他們的政績。

近年的心理科學研究指出，在向別人溝通時，一般人頗能準確地評估溝通對象對溝通內容的認識有多少，並按評估的結果來調節溝通的方法和用語。可是，在進行這類型的評估時，溝通者也常常犯錯，以致造成溝通上的障礙。

譬如在一項實驗中，我們將三十張不同的風景照片逐一展示給約一百名香港大學生看。三十張照片中，十張是香港的名勝照片，十張是澳門的名勝照片，另十張則是紐約市的名勝照片。在看到每張照片後，受測者要回答以下三道問題：

㈠你認得照片中的名勝嗎？

㈡如果認得的話，請寫出名勝的名稱。

㈢你估計香港的大學生，其中百分之幾可以正確地認出這名勝？

圖 9-1 顯示出，受測者就其他同學對各名勝的認識所作的評估頗為準確。圖中的橫軸代表能正確地認出某一名勝的機會。分數越高，代表越多受測者能正確地道出那名勝的名稱。譬如差不多每一位受測者都能道出紐約自由女神像的名稱，但近百位受測者中，卻沒有一個人能辨認出澳門的加思蘭花園。

圖中的縱軸代表平均來說，受測者估計香港大學生可以正確地辨認出每一名勝的機會。分數高代表他們估計有很多同學會認識那一名勝；分數低代表他們估計只有很少同學會認識那一名勝。

從圖 9-1 可以清楚看出，三十個名勝在橫軸和縱軸上的分數，有很明顯的直線關係。換言之，如果越多受測者認識某一名勝，受測者便估計有越多的同學認識那一名勝。反之，如果越少受測者認識某一名勝，受測者便估計有越少的同學認識那一名勝。這結果指出，受測者在估計別人對各地名勝的認識時，他們所作的估計是頗為準確的。類似的研究結果也曾在美國發現（Fussell & Krauss, 1992）。

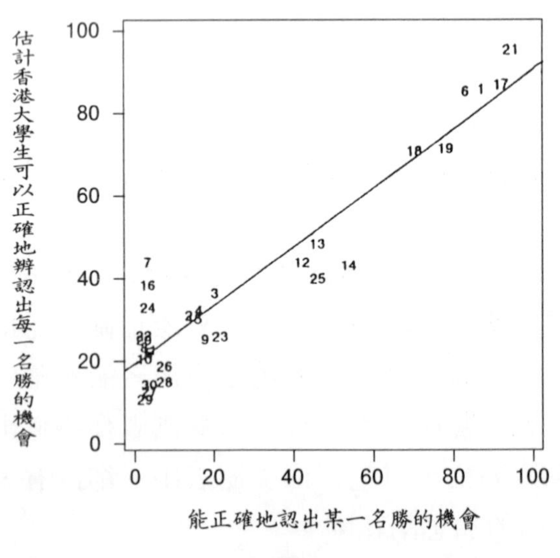

圖 9-1

那麼，溝通者會否利用評估溝通對象對溝通課題的認識結果，來調節溝通的內容和用語呢？為了回答這問題，我們邀請了另一群香港大學生，參加一項單向溝通研究。在研究中，研究員向受測者說：

「在研究中，你會看到三十張不同地區的風景照片。這些風景點有些位於香港，有些位於澳門，有些則位於美國紐約市。

請你將每張照片的風景作一簡要的描述。稍後，我們會將同樣的三十張照片給另一位同學看，然後請那位同學從你的描述中，辨認出在你的每一段描述中所描述的是那一張照片。

請注意，這是一項溝通練習。你應儘量嘗試幫助收聽你描述的人，辨認出你在描述那張照片。不要在描述中加入不必要的細節。只要對方能從你的描述中辨認出你在描述那一個風景點，便可以了。」

圖 9-2 中的橫軸和圖 9-1 的縱軸一樣，代表著前一群受測者估計香港大學生可以正確地辨認出每一名勝的機會，而圖 9-2 中的縱軸則代表後一群受測者在描述每一名勝時平均花了多少時間。從圖 9-2 可以清楚看到，描述時間和對每一名勝估計的熟悉程度有明顯的負向關係。換言之，在描述一個被認為是廣為人知的風景名勝時，受測者傾向只用三言兩語。但在描述一個被認為是很少人會知道的地方時，受測者便會作較詳盡的描述。

如此看來，在作單向溝通時，人們頗能準確地評估

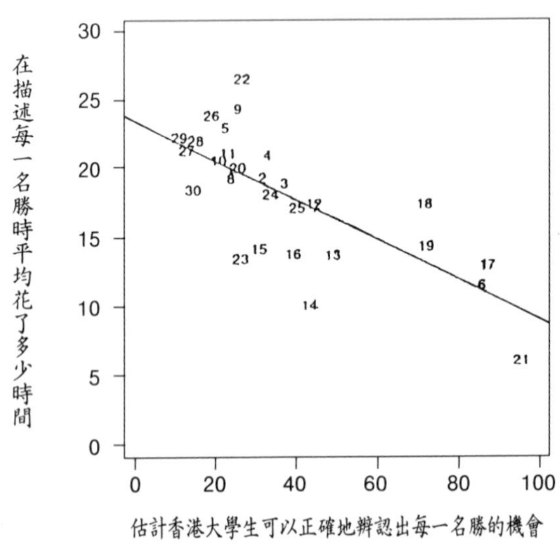

圖 9-2

聽眾對溝通課題的認識，並按評估的結果調節自己的溝通行為。可是，在我們的研究中，也清楚看到受測者在評估別人對溝通課題的了解時，常會出現偏差。

在剛才描述的研究的前半部分中，我們會請受測者先回答自己是否能辨認出每一照片中的名勝。倘若他們覺得自己能辨認出那名勝，便把名勝的名稱寫出來。這樣，在每一名勝上，受測者均可能作出三種回答：①覺得自己能夠辨認出照片中的名勝，而又能正確地寫出該名勝的名稱（準確辨認組）；②覺得自己能夠辨認出照片中的名勝，但寫出來的名稱卻是不對的（錯誤辨認組）；③承認自己不認識該名勝（無法辨認組）。當這三組人在評估有多少香港大學生能辨認出該名勝時，和無法辨認組相比，準確辨認組和錯誤辨認組均認為有更多同學會認識該名勝。至於兩組覺得自己認識該名勝的受測者，在作評估時則沒有顯著的分別。

換言之，只要一個人覺得自己認識某一溝通課題，不管自己的認識正確與否，也傾向認為有較多人會認識該課題。例如，一位對自己的商品很熟悉的人，在向顧客推銷該商品時，往往容易高估了客人對商品的認識，在溝通時使用過多行語，令客人難以招架。這種在評估別人知識上出現的偏差，可以造成很大的溝通障礙。

══減低知識評估偏差的方法

要排除這種障礙，溝通者需要在評估溝通對象對溝通課題的認識時，儘量做到客觀。但怎樣才能較客觀地評估溝通對象的知識呢？

首先，溝通者可假設溝通雙方身處的環境，均在溝通對象的知識領域中。譬如講者可以假設講室內可見的傢俱和設備，均在聽眾的知識範圍內。同時，講者可以利用共處的環境，來提高溝通的效率。舉一個簡單的例子，如果甲希望乙將一枝藍色的鋼筆遞給他，而乙的周圍只有一枝鋼筆，甲可以向乙說：「請將鋼筆遞給我。」但倘若乙的身邊有數枝不同顏色的鋼筆，甲便要向乙說：「請將藍色的鋼筆遞給我。」

隨著溝通環境的轉變，即使在描述同一物件時，溝通的內容也可能會有很大的變化。在一項研究中，我們請大學生描述圖 9-3 中的圖案，並告訴他們我們稍後會將圖 9-3 中的四個圖案，以不同的排列方法展示給另一位同學看。那位同學會收聽受測者的描述，然後從四個圖案中辨認出受測者在描述那一個圖案。

在這種情況下，大多數受測者都會把圖案 B 描述為兩個同心圓。外圍的圓圈較其他圖案的外圈為暗，而中心的圓圈則較其他圖案的內圈光亮。可是，如果我們將圖案 B 混在圖 9-4 的 E、F、G 圖案間，受測者便傾向把圖案 B 描述為兩個同心圓，同心圓的外圈比其他圖案的外圈光亮，但它的內圈卻比其他圖案的內圈暗（Chiu, Krauss, & Lau, in press）。由此可見，在描述一件東西時，隨著溝通環境的轉變，溝通者作出的描述可以截然不同。

這個道理雖然看似淺顯，但在日常的溝通中，卻有不少變化。假如你在火車站踫到一位外地來的訪客，他問你怎樣從火車站前往某某餐廳。在描述該路線時，你便要推想沿途的環境是怎樣的，然後才作出指示。如果你告訴他餐廳在郵政局的左手面，但沿途卻有兩所郵政局，那麼，那位訪客便可能在尋找那間餐廳時遇到困難

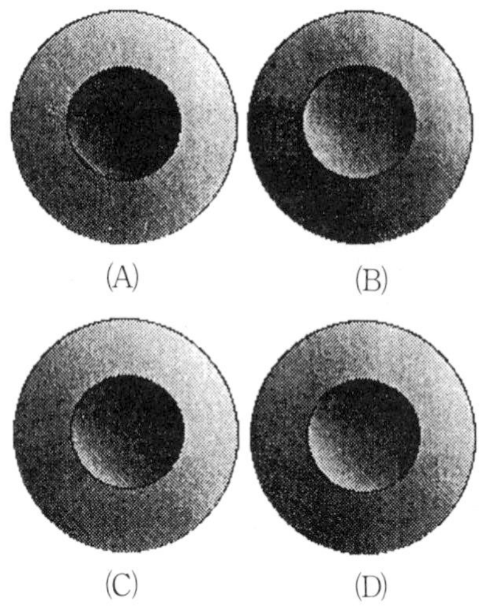

圖 9-3

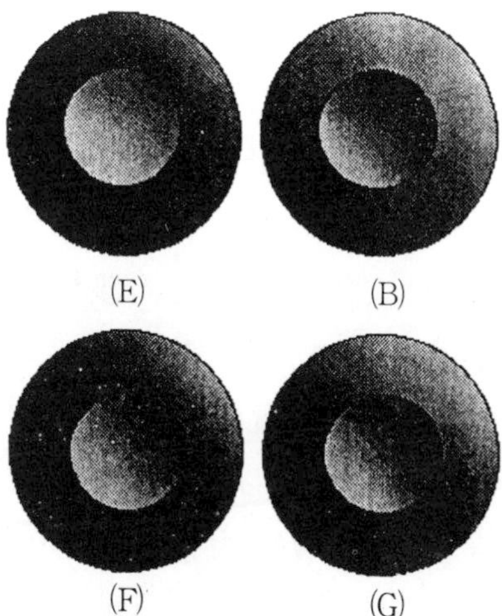

圖 9-4

了。

事實上，在日常溝通中，人們常常需要推想溝通對象身處的環境是怎樣的。譬如，在編寫產品的推廣單或使用說明書時，作者往往要推想顧客在使用該商品時，所身處的環境到底是怎樣的。

除了客觀環境外，溝通對象的身分也是確定溝通對象對溝通課題認識有多少的重要線索。如果你向一位台北市的居民講解台北市的司法制度，你會假設他對台北市的法例有些認識。但如果你要向一位來自北京市的訪客講同一課題，一般來說，你便不會期望他對台北市的法律有深入的了解了。

研究顯示，當有人向你問路，如果你知道他是城中的居民，你會向他提供較簡略的描述。但當你知道他是來自外地的訪客，你便會推斷他對城中的認識較少，因此作出較詳盡的指示（Krauss & Glucksberg, 1977）。

譬如，在我們的一項研究中，受測者向一位澳門居民或香港旅客，講述如何從澳門的渡輪碼頭步行前往不同的遊覽點（如康公廟、大三巴牌坊、玫瑰堂）。當受測者向一位香港旅客提供指引時，可能他們覺得對方不會很熟悉澳門的地理環境，所以提供的指引較詳盡，而他們也會較多提及一些沿途的景物，以免對方迷路。反之，當對方是一位澳門居民時，可能受測者認為對方對澳門的環境已有相當認識，所以提供的指引也較簡約，而且也較少提及沿途的景物。

同樣，當溝通對象是自己的朋友時，人們在溝通時常會插入一些只有溝通雙方才會明白、旁人聽了也不會明白的用語。但在與陌生人溝通時，則較少會使用到這些用語（Fussell & Krauss, 1989）。

綜合以上的討論，在計劃單向溝通的內容時，溝通者首先可以清楚道出溝通的目的，以限制溝通對象對溝通訊息的意思所作的推斷。其次，溝通者可藉著溝通環境和溝通者的身分，來幫自己更準確地推斷溝通對象對溝通課題的認識，使溝通對象在嘗試了解溝通訊息時，不會感到吃力。由於在單向溝通過程中回饋較少，溝通者在溝通前要有較充足的準備。以下是一張取材自Wood（1997）設計的檢查表，對準備一項單向溝通，可能會有幫助。

〈單向溝通準備檢查表〉

我希望藉這次溝通達到什麼目的（例如，向顧客介紹新產品，或令聽眾對我產生好印象）？

我在這次溝通有什麼特定目的（例如，令聽眾知道吸煙有什麼害處）？

我在這次溝通的主題是什麼（例如，吸煙會傷害身體，令人討厭）？

溝通對象的身分資料：

年齡：

教育程度：

政治取向：

性別比例：

文化與種族背景：

溝通對象對溝通課題的認識有多深？

溝通對象對溝通課題的興趣有多大？

溝通對象對溝通課題有什麼態度或意見？

溝通對象對溝通課題有多少相關的個人經歷？

第三節　雙向溝通

雙向溝通和單向溝通在基本原則上大致相同。不同之處在於：在雙向溝通中回饋較多，溝通者可以利用回饋資料評估對方對溝通課題的了解。同時在雙向溝通中，雙方可以互相合作，幫助對方完成溝通的目標。可是，在雙向溝通中，溝通雙方可以同時發言，兩者間的協調便變得很重要了。

══ 回饋資料的使用

在雙向溝通中，溝通者可以假設在溝通過程中，雙方曾經談及而又已取得共識的內容，是雙方共同擁有的知識。譬如，在一項研究中，溝通者要向另一位受測者描述像圖 9-5 的圖案。在溝通開始時，溝通者不能假設對方已經認識這圖案，所以會作出較詳細的描述。譬如，他會說：「這圖案看似一個沙漏計時器，計時器兩邊各有一隻腳。」當他知道對方明白自己在描述哪一個圖案後，在第二次提及該圖案時，便會作較簡約的描述。譬如他會說：「有腳的沙漏計時器。」當他再需要提到該圖案時，他的描述會更簡約，只說「沙漏」便算了（Krauss & Glucksberg, 1977）。

在雙向溝通過程中，溝通者也有機會利用回饋糾正

圖 9-5

自己先前對溝通對象所作的假設。在另一項研究中，溝通者要向另一位受測者描述紐約市的名勝。描述者當中，有些對紐約市很熟悉，有些對紐約市的認識卻很淺。同樣，在聆聽者當中，也有些很熟悉紐約市，而有些則對紐約市感到很陌生。

當一位熟悉紐約市的人向另一位很熟悉紐約市的人描述市內的名勝時，經常會提到一些市內名勝的名稱。當一位不熟悉紐約市的人和另一位也不熟悉紐約市的人溝通時，便很少會提到市內名勝的名稱了。有趣的是，當一位熟悉紐約市的人向一位不熟悉紐約市的人溝通時，開始時他會用上較多市內名勝的名稱。可能他覺得自己知道這些名稱，對方也應該知道。可是，很快他便會從對方的回饋中，知道自己高估了對方對紐約市的認識，因而續漸減少提及市內名勝的名稱。

當一位不熟悉紐約市的人向一位熟悉紐約市的人描述紐約市的名勝時，起初因為他對該市不大認識，所以很少提及市內名勝的名稱。但從對方的回饋中，他漸漸學會較多的名勝名稱，同時也知道對方對紐約市頗熟悉，因此，在溝通時越來越多提到市內名勝的名稱（Isaacs & Clark, 1987）。

由此可知，善於溝通者能夠充分地使用回饋資料，來確定和重估對方對溝通課題的認識，從而調節溝通方法，使溝通能更順利進行。

——雙向溝通上的互補

在雙向溝通中，溝通者常要就對方的提問或言談作即時反應。在這種情況下，溝通者往往因為沒有充裕的時間評估對方對話題的認識，因此在作出回應時，有時出現溝通上的困難，甚至產生誤會。有經驗的溝通者，當發現對方在溝通上出了錯，會主動協助對方修補錯誤，令對方感到自己是一位合作的溝通者。

修補錯誤的方法有兩種。首先，溝通者從對方的回饋中發現自己出了錯，可以自行修補自己的說話。以下一段由 Schegloff（1991）收集的對話，正是這種修補法的一例。

甲：那戶的號碼是什麼呢？

乙：那戶沒有電話。

甲：對不起……

乙：那戶根本沒有電話。

甲：不，我是指那戶的門牌號碼。

乙：三千〇八號？

甲：對，三千〇八號。

在這段對話中，甲開始時提及的號碼在意思上模稜兩可，既可指電話號碼，也可指門牌號碼。乙指出那戶根本沒有電話，令甲意會到「號碼」其實是模稜兩可的，於是主動地修補了說話，令溝通繼續下去。

在另一種情況下，溝通者發現對方的說話出了錯，於是主動替對方修補錯誤。以下一段對話，則屬這種修補方法的例子。

甲：你會在這裡留多久？

乙：呀，不會很久。星期一便走。

甲：你是指明天（星期一）之後的那個星期一？

乙：對。

以上的對話是Clark與Wilkes-Gibbs（1986）收錄的。在這段對話中，乙所說的星期一，可以指往後任何一個星期一。甲猜想明天是星期一，乙沒有理由剛剛到達，明天便要走。乙既說不會留得太久，那麼他可能在明天之後的那個星期一便離開，於是他主動地為乙提出修補。

在雙向溝通中，從對方的回饋辨認出自己在溝通上的錯誤，主動作出修補，和願意替對方進行修補，均可提高溝通的合作性，使溝通得以順利進行。

══溝通的協調

在雙向溝通時，雙方均有機會發言。要令溝通有秩序地進行，不致出現雙方爭奪發言的狀況，並不是一件容易的事。善於溝通的人，懂得利用溝通時出現的行為線索，辨認出那些時候應該發言，那些時候應該讓對方說下去。

早在六十年代，心理學家已發現在雙向溝通時，溝通者的目光是有助協調溝通的重要線索（Kendon, 1967）。一個人在溝通時，要同時進行兩項頗吃力的工作。他一方面要計劃組織自己要說的話，另一方面則要觀察對方對自己說話的反應。要同時進行兩項工作並不容易，有時甚至會力不從心。所以一般人在溝通時，遇到要計劃組織自己的說話時，往往會將目光從對方身上移開，把目光固定在空曠的地方上，使自己不需同時觀察對方的反應，並能聚精會神地計劃自己要說的話。當想好了要說的話時，便把目光重投到對方身上，一邊將要說的話說出來，一邊觀察對方對自己說話的反應。

通常在開始說話，或在說話中途遇到困難不知如何繼續下去才好的時候，便需要把目光從對方身上移開，以方便計劃和組織說辭。因此，在溝通過程中，就會出現一些有規律的現象。在開始說話時，溝通者會將目光由對方身上移開，集中精神計劃組織自己要說的話。然後，再把目光移到對方身上，一面說出想好了的話，一面觀察對方的反應。遇到說話出現困難或需要重新組織自己的說話時，又會把說話停下來，將目光從對方身上移開。以此類推，直至把說話說完，才靜下來，將目光固定在對方身上，專心觀察對方的反應。

那麼，在與人傾談時，如果對方完成了一段說話後便停了下來，一直望著你，這很可能是因為對方已講完了他想說的話，並期待你接著說下去。這時便是你要開始說話的時候了。但假如對方說完了一段話後便停下來，但目光卻從你身上移開，那便表示他還沒有把話說完，他只是在想怎樣繼續說下去。如果你在這時搶著說話，便可能會截斷對方的話，而對方跟著亦可能會搶著奪回他說話的機會。

最後，如果對方還沒有完成一段說話便停下來，並將目光從你身上移開，這很可能是因為他在組織自己的說話時出現困難，你或可在這時介入，協助他表達他要溝通的意思。

要之，溝通是一種合作性的社交活動。要做到溝通暢順，溝通雙方必須在溝通時互相協調，互補不足，務求有效地將要溝通的訊息準確傳達給對方，並從中建立互助合作的關係。

結　語

我們在本章簡述了溝通的基本原則，並介紹了一些提升單向和雙向溝通效率的方法。在此，我們不再重複這些原則和方法了。

值得一提的是，近代的心理學研究，發現溝通能力與其他能力也有著密切的關係。在本章中，我們看到在溝通時，溝通者需要不斷地利用各種線索，來評估和重估溝通對象對溝通課題的了解。這種評估和重估的認知活動，其實也需要分析能力。

其次，在溝通過程中，溝通者除了組織自己的言辭外，還要不斷留心溝通對象在溝通過程中，對課題的認識是否愈來愈深。因此，溝通者需要不斷地轉換觀點，嘗試了解溝通對象對溝通課題的認識，以調節自己的用語。轉換觀點是社交能力的重要一環（見第十章）。事實上，研究顯示幼孩在觀點轉換上的能力較年長的小孩子為低，所以在溝通時，常常忽略了溝通對象對溝通課題的認識是會在溝通過程中逐漸改變的（Krauss & Glucksberg, 1977）。

最後，情緒低落的人經常會想著一些令自己不開心的事情，在溝通時較不願轉換觀點，嘗試進入溝通對象的認知世界。在我們的研究中，也發現抑鬱的人在溝通時，不會留心溝通對象對溝通課題認知的變化。

以上的觀察印證了多元才能的觀點。若要發展一種才能，必須在其他相關的才能上也同時下一番功夫。以溝通為例，要提高溝通能力，需要同時注意分析能力、社交能力和情緒調節能力的培養。

第10章 社交能力

人際交往是人們日常生活的一個重要部分，社交才能也是一種重要的個人特質，它的影響甚至比傳統智能的影響有過之而無不及。試看看以下一個真實個案：

亞輝（假名）是香港某所大學的高材生，他聰明能幹，大學畢業後在一間跨國公司工作，從不遲到早退，辦事非常賣力，每晚都超時工作，以工作績效而論，可算是一位模範員工。可是，在所屬的部門中，他卻是一個不受歡迎的人物。同事不喜歡他，因為他喜歡誇耀個人功勞，不肯與同事合作；下屬亦不喜歡他，因為每當他覺察到工作有絲毫不對勁，往往在眾人面前，不由分說大罵下屬的不是；他的上司亦不喜歡他，覺得他刻意奉承。在該公司工作還未過試用期，亞輝便因與同事合作不來而離職了。

再看看一個歷史例子：三國時代的楊修是個非常聰明的人。有一次，當他見到主公曹操寫上「一合酥」，便立刻把酥餅分派一人一個，因為他揣度曹公的原意是「一人一口酥」。他的急才登時令各朝臣讚歎不已。但此舉反而使多疑善妒的主公曹操感到不悅，種下了禍根。後來楊修因為以「食之無肉、棄之有味」，一語道破曹操所下軍令「雞肋」的含意，暴露曹操當時矛盾的心情。曹操因此而怒指他擾亂軍心，並把他殺掉。

兩個同是天資聰敏的人，但卻獲得不如意的下場，這些例子與心理學家 Neisser（1976）的一番話不謀而合：「學業智能高的人常常有愚蠢的表現，現存的證據並不顯示他們會比學業智能低的人更成功，他們的生活水準亦不比其他人更令人羨慕」（p.139）。究竟怎樣才可以提高成功的機會？怎樣才可以提升個人的生活水準？「社交才能」可能是其中一個合適的答案。

在本章中，我們會探討社交才能的本質、它的測量方法，和提高社交才能的一些方法。

第一節　甚麼是社交才能？

遠在1920年，當心理學家們在強調智商（IQ）的高低對個人生活的重要性時，Edward Thorndike卻提出社交智能的概念，並指出社交智能和傳統智能最大的分別是在於它們有不同的應用範圍。智能可以幫助人理解及解決較為抽象、概念化的難題。反之，社交智能可以促進理解及解決較為具體、實際，特別是關於人際關係的難題。

自此以後，心理學家便開始探索社交智能的本質。縱觀多年的探索，美國史丹福大學的Martin Ford及Marie Tisak（1983）將心理學家們對社交智能的定義，歸納為三個主要類別。其中一個較早期的看法，是把社交智能看成是一些社交技巧。例如社交智能高的人善於從別人的面部表情、行為舉止辨別那人的內心感受，對環境有過人的洞察能力，知道在什麼社交場合要採用那些應變方法，能夠與別人易地而處，了解別人的心理狀態。這種看法注重社交溝通的個人潛能。

另外一種看法把社交行為的後果作為社交智能的指標。社交智能高的人較能適應新工作中的社交環境，也更懂得與具不同背景和性格特徵的人和諧共處。這種看法注重社交智能在實際社交生活的應用。

最後，一種較近期的看法把社交智能視為達至社交目標的能力。社交智能高的人，善於以合適的行動方式，在特定的社交場合中取得良好的後果。例如他們懂得預早計劃社交行動，不斷監察溝通過程，及評估不同解決問題方法的利弊。

綜合以上三種觀點，社交智能不單泛指一些認知能力及社交技巧，也涵蓋這些能力和技巧的運用。社交能力的高低，要視乎這些能力及技巧的適應程度。學會了很多社交技巧，卻不懂得在什麼場合中應用這些技巧，那麼這些技巧也等於是白學了。換言之，一個人是否具社交智能，要看他是否能夠靈活地利用這些能力和技巧，有效地達成自己重視的社交目標。

第二節 社交才能的量度

按以上的分析，社交智能這個概念可分為三部分：①社交能力和技巧；②合宜於環境的社交行為；及③目標為本的社交策略。這些社交智能的特質，與社交生活的水準應有極密切的關係。因此，在測量社交智能時，亦可針對這幾個方面，來設計出不同的測量工具。在過去，心理學家曾編製了四種不同的測驗，來評估一個人的社交智能。

一 處理社交資訊的認知能力

在與別人溝通的過程中，人們會接收到大量社交資訊。這些資訊包括表情、說話的聲量變化、身體語言和行為等。如果一個人懂得從這些資訊推斷對方的思想、感情，以及交往者間的人際關係，便能利用這些資料，幫助自己計劃如何與別人交往。不善於從這些資料中洞察別人的感受和關係的人，在社交活動中便較為吃虧了。因此，一些心理學家設計了一些測量察顏觀色的測驗，來測量這方面的社交才能。譬如，O'Sullivan 和 Guilford（1975）編製了一個測驗多種社交能力的測驗

（名為 Six Factors Test of Social Intelligence）。其中的題目多以圖片、照片及插畫為材料，看看受測者能否從這些材料表現的社交資料，準確地判斷這些資料要傳達的社交訊息。Sternberg 也設計了一些類似的測驗，看看受測者能否從照片的資料中，準確地判斷照片中人物的關係（Sternberg & Smith, 1985）。

━━社交技巧

有些心理學家認為那些能夠與別人融洽相處的人，較能掌握一些社交技巧。例如他們會有比較高的同理心（Dymond, 1953）或較熟練的溝通技巧；這些心理學家採用一些社交技巧測驗，如 Hogan's Empathy Scale（Hogan, 1969）及加州心理測驗（California Psychological Inventory, Gough, 1975）的交際能力量表（Sociability Scales），來評估受測者的社交才能。

━━社交情境中的表現

除了檢視個人特質外，自八十年代起，有些心理學家開始注意研究受測者在社交情境中的行為表現，他們認為社交才能的本質應能夠被應用於社交情境上，並能在與別人的交往中反映出來。因此在量度社交才能時，研究員會在實驗裡設計一些社交作業，要求受測者互相交往或與一些「同夥」交往，再由受過訓練的觀察員評估受測者行為的適當程度，作為社交才能的衡量準則。

━社交環境的適應性

早在1920年，Edward Thorndike已經提出在測量社交智能時，必須能夠測量個人在真實生活、涉及真實人物的現實環境中的社交表現。他的這個提議，在近年才受到一些心理學家的重視。這些心理學家把社交智能的研究焦點，集中於受測者在人際交往上的成果。在一些研究中，受測者以日記方式，記錄自己在某段時間內與別人的交往，並評估每件事件的愉快或不愉快程度，研究員再把這些事件加以組織及分析，以量度受測者的社交生活水準（Cheng, 1996）。

早期的心理研究（例如：Kerr & Speroff, 1947; Sargent, 1953）採取心理測量的方法（psychometric approach）去量度社交智能，認為社交能力可由特定的測驗分數來顯示。這些研究檢視受測者處理社交資訊的能力及社交技巧。可是，這些社交智能測驗的分數與智能測驗分數的相關度頗高，令人質疑這些社交智能測驗是否在測量一種智能以外的能力。可是，當研究員利用較直接的方法，測量受測者在日常與人生活中的社交成果時，則發現社交能力與智能無關。譬如，在一項研究中，我們測量了大學生與父母、師長、朋友和不喜歡的人交往時，能否一方面達到自己的交往目標，另一方面能同時促進彼此間的交流。結果發現，交往成果比較滿意的人，他們在標準智能測驗上的分數（SAT scores）並不一定高，而他們的學業成績也並不一定較別人好（Chiu, Hong, Mishel, & Shoda, 1995）。這項研究結果顯示：①社交能力是一種與智能不同的能力，兩種能力間並沒有必然的關係；②用直接的方法量度一個人的社交成果，較能反映智能以外的社交能力。

第三節　如何提高社交才能？

既然社交才能與社交經驗的關係如此密切，如果可以提高自己的社交才能，人們的日常社交生活也會得到改善。人們不單可以減少與別人發生衝突，亦可以令自己和別人有更愉快的交往經驗。

有些人認為社交才能是與生俱來的特質或屬性。譬如，一個社交才能高的人天生較外向、善於交際。所謂「江山易改，本性難移」，要改變社交才能實比移山更為艱難。多數的心理學家並不贊同這種看法。反之，他們認為只要能辨認出可以預測社交才能的因素，便可以設計一些課程來培訓這種能力。

要有效地提高社交才能，可循兩方面入手，一是對社會情境的辨悉能力，一是提升對其他人心理狀態的洞察力。

━━對環境的辨察能力

要有效地達到社交目標，便要因應情勢而作出相應的行為。社交環境瞬息萬變，交往的對象亦有不同的特質，要適應不同社交環境、人物，便非要有精銳的觀察和認知能力不可。

對環境的辨悉能力（discriminative facility）是社交才能的一個重要部分。一個人如果能夠對情境間的細微不同之處加以區分，往往更能掌握社交環境的變化而做出合宜的行為，以適應不同性質、千變萬化的環境。

這種「因時制宜」的說法，並非只是近代西方心理學所提倡。其實在中國古代典籍中亦已常被提到。例如〈中庸〉說：「國有道，其言足以興國；國無道，其默足以容」，這便說明了進諫及保持緘默都是合宜的處事方法，但朝臣採取那種方法才可產生較理想的後果，卻取決於他們身處的國家是有道還是無道之國。又以本章開首提及的楊修為例，他是個機智的才子，但他所服侍的主公曹操是個性格多疑的人。楊修自恃聰明而多次道破曹操的心意，故招來殺身之禍。若他的主公是個寬宏大量、知人善用的人，楊修不但不會被殺，反而或會被委以重任。雖然有人會慨嘆楊修生不逢時，但若以「因時制宜」的說法，楊修似乎只顧一時言語之快，卻忽略對方（曹操）的思想性格，因而說出一些合乎事實但不合對方心意的話，白白地把性命斷送了。由此可見，要成功地達成社交目標，便要審裁客觀情勢的變化，因時變通，以適應各種各類的社交情境。

在一項研究中，我們採用了一些虛構的處境，然後問受測者在這些處境中會有什麼反應。其中兩個處境是：

㈠你很怕見牙醫，但現在卻要到牙醫那裡修補牙齒。

㈡你被一群持械的恐怖分子脅持在一所公共大樓內。

人們在這兩種情境中，均可以選擇細心地觀察周遭的危險訊號。譬如，在第一個處境中，可以留心自己流出來的涎沫有沒有血，而在第二個處境中，可以留心恐怖分子有什麼武器。他們也可以盡量分散注意力，不去注意一些會令自己緊張的危險訊號。當然，在見牙醫的處境中，主動地監察危險訊號只會令自己更緊張，肌肉收得更緊，痛苦愈多。但在被脅持的處境中，留心危險訊號可以提高逃生的機會。接受測試的人當中，有些人較能辨悉兩種情境的不同，在見牙醫的處境中選擇分散注意力，在被脅持的處境中選擇觀察環境。有些人的辨悉能力則明顯較低，在不同的情境中也選擇觀察環境。

我們的研究也顯示：辨悉能力愈高的人，社交能力也愈高。他們在與父母、師長、朋友和不喜歡的人交往時，較能完成交往目標，並較能改進雙方的交情（Chiu et al., 1995）。

亦有證據顯示，辨悉能力高的人，他們會遇上較多愉快的交往經驗，而他們也較少出現抑鬱的情緒（Cheng, Chiu, Hong & Cheung, 1998）。

需要強調的是，「因時制宜」並非指盲目跟隨形勢變化而改變自己的行為，亦不是指盲目順應對方的旨意。辨悉能力高的人不一定是社交變色龍，只懂得盲從附和。他們有自己的生活目標，而這些目標也可以是一些利他的目標（例如替某醫院籌款）。辨悉能力高的人，在追求這些目標時，懂得審時度勢，既能夠完成自己的目標，也不會使別人難堪。譬如替某醫院籌募經費時，可以令起初不願捐款的人解囊相助，並讓他們覺得捐款後心情愉快，這便是辨悉才能的應用目標了。

━━對別人心理狀態的洞察力

洞察別人的心理狀態也是社交能力重要的一環。一些人看到別人的行為時，不嘗試去了解對方做事時的處境和感受，便馬上從別人的行為去判斷對方是一個怎樣的人。這種重判斷而輕了解的取向，是社交能力發展的一大障礙。

在我們的研究中，曾向受測者描述一個人的行為，然後請他們將這個人的資料轉述給另一位受測者聽。在轉述過程中，有些人自發地加入了一些對故事人物的性格和道德判斷（例如：「他是一個賤人。」），而有些人則主動地對故事人物的內心世界加以剖析（例如：「因為他想取得律師資格，所以對有權勢的人所做的壞事視若無睹。」）。

在這項研究中，我們也測量了受測者與父母、師長、朋友和不喜歡的人的交往成果，發現越傾向作性格道德判斷的人，他們的社交能力便越差。反之，越傾向作內心剖析的人，他們的社交能力也就越高（Chiu et al., 1995）。

既然主動地作性格判斷和道德評價對社交才能的發展有礙，而嘗試了解別人的內心感受對社交才能有利，那麼如何可以降低前一種傾向而加強後一種傾向呢？

我們的研究指出，一個人對性格和道德的看法是一個十分重要的因素。有些人覺得性格和道德是不可改變的個人素質，相信每個人也有固定不變的道德水平和性格。因此，在與人交往時，他們的注意力便集中於從別人的言行舉止，來推斷對方具備那種性格（Chiu, Hong & Dweck, 1997）。也有些人相信性格和道德都是變數，認為一個人的道德和性格是可以改變的。因此，這些人在社交場合中，並不急於判斷別人的性格和道德水平。反之，他們會較留心於一些可變的因素和行為的關係。譬如，他們會較留心環境因素的改變如何影響一個人的心理狀態，而心理狀態的改變，又如何影響一個人的行為。

在一項研究中，我們問受測者一些很簡單的問題。譬如，「甲旅行時給同事買了些紀念品，那很可能是因為__________。」或「乙將一盒橙汁倒在同學的圖畫上，那很可能是因為__________。」那些相信性格是不可改變的人，較多提出「甲是一個善良的人，而乙則是一個無賴」等解釋。反之，相信性格是可以改變的人，較多提出「甲想取悅他的同事，而乙則嫉妒他的同學」等解釋。由此可見，相信性格不可改變的人較重視評估別人的性格和道德，而相信性格是可以改變的人則較留心別人的行為動機和做事時的情緒狀態（Hong, 1994）。

也有研究顯示，和相信性格是可以改變的人相比，覺得性格是不可改變的人比較喜歡評鑑別人的行為。他們看到別人做了一件事情後，便有較大的傾向馬上評價這行為是好還是壞（Hong, Chiu, Dweck & Sacks, 1997）。由於他們專注於評估行為本身的好與壞，便較容易忽略行為發生的背景和行事者的心理狀態了。

這種傾向判斷行為的好壞和別人的道德性格的人，不但容易忽略別人的心理狀態，也較容易因為對人多作以偏概全的評價而產生偏執和成見。已有研究證據證明，在美國相信性格是不可改變的人，比相信性格是可以改變的人對社會上的少數族群（如黑人、亞洲人和猶太人）成見較深（Levy, Stroessner & Dweck, in press）。在香港，我們也發現相信道德是不可改變的人，和相信道德是可以改變的人相比，較歧視中國大陸人士。譬如，他們會覺得中國大陸的人有較多負面特徵，較少正面特徵，他們也覺得中國大陸的人在香港犯了法，應該受到較嚴厲的處分（Chow, 1996）。

由此可見，對性格道德的看法，不單與社交能力有關，它也關係到社會上族群能否得到公平平等的待遇。

總括而言，要增進個人的社交才能，一方面要提高對自己及別人的需要、思想、感受的洞察力，另一方面亦要細心觀察不同的情境和人物，分辨其中不同之處並加以理解分析，以加強對千變萬化的社交環境的掌握。雖然心理學家認為社交才能是可以訓練提升的，但要真正的提升社交才能，實在不是一件容易的事，亦非一朝一夕可以做到，成功與否還是取決於一個人的動機、決心、努力與恆心。

第四節　對社交才能的反思

〈孫子兵法〉說：「知己知彼，百戰百勝」，這句話已深入人心。有些人認為，擅長交際的人，除了了解自己的理想和目標，亦要清楚別人的性格和需要。他們覺得只要能運用這些資料來影響別人，以幫助自己達到目標，為自己謀取最大的利益便算是成功。有些人卻認為，要適應不同環境、人物，不僅要清楚自己，亦要了解別人的期望與需要，盡量改變自己去遷就他人，這樣便可贏得眾人的讚賞，不會惹人討厭或產生衝突，並在日常人際交往中取得成功。可是，這兩種對「成功」的詮釋，均有尚待商榷的地方。

從心理學角度去闡釋「知己知彼，百戰百勝」這句名言，「知己知彼」不只是了解自己和別人的長處弱點，還要顧及自己和他人的想法感受，從自利與利他中取得平衡，既不會因過分看重自己而作出損害別人的行為，亦不會因為過分看重他人而作出百般遷就。「百戰百勝」這個目標，許多人將它理解為單方面的勝利，不是你死便是我亡。但現實生活中很多成功例子並不支持這種看法。例如在香港 1997 年的大學辯論賽中，參賽的兩隊實力旗鼓相當，最終以「雙冠軍」完結賽事，無論台上雙方的辯論員，或是台下兩所大學的學生都喜上眉梢。兩隊互相道賀，結束了雙方對壘時的緊張氣氛。在場並不見有誰會因不能打敗對方而憤憤不平。由此可見，這種皆大歡喜的「雙贏」局面既會在現實中發生，亦會受很多人歡迎。

心理學家 Rapoport（1960）設計了一個名為「被告間的矛盾」（prisoner's dilemma）的遊戲，來研究合作與競爭的現象。遊戲中的兩名被告一起犯了一項嚴重的罪行，依法可以判處重刑。可是檢控官只有足夠證據指證他們犯了一項刑罰較輕的罪名。檢控官給他們一個機會去私下認罪，並向他們解釋三種可能出現的情況：

一、若他們其中一人認罪，認罪者會免受檢控，而他的證供會用來檢控另一被告。被檢控的被告很可能得到最嚴厲的判刑。

二、若兩人同時認罪，兩人均會被檢控。認罪從寬，兩人均會被判中等嚴厲的刑罰。

三、若兩人都不認罪，兩人便會被控以較輕微的罪行，並接受輕微的處分。

雖然雙方認罪會帶來較嚴重的刑罰，而雙方不認罪會帶來較輕的處分，大部分參加這項遊戲的人都會選擇認罪，結果很多組參加者均因為雙方認罪，而得到較嚴厲的懲罰。

這種現象在日常生活中，其實屢見不鮮。譬如一座電影院失火，若每個人都合作，有條理地疏散，是不會鬧出亂子來的。最後人人均可安全逃生。可是如果人人爭先恐後，唯恐自己不先走便會被困在火場，這時便容易出亂子，結果可能造成悲劇。

如果社會中只有一些投機分子，港、台兩地的樓價未必會暴漲。如果每個市民不擔心樓價會急升，不爭先恐後入市，房子的價格便不會暴升，便有更多的人可以有能力置產了。可是當看到樓價上升，人人擔心如果不及時入市，待樓價升了很多後，自己想買房子也負擔不起了，於是人人入市，結果樓價急升，每個人在房屋上的負擔也重了。

在1997年年底，香港出現了戲劇性的餅店擠提事件，在國際上成為啼笑皆非的新聞。數萬香港人因為聽到聖安娜餅店結業的謠言，一齊拿預先購買的西餅券，到餅店提取數十件以至數百件的糕餅。如果人人肯採取合作信任的態度，那麼謠言便會止於智者，消費者和餅店均不會蒙受損失。可是，當人人對別人沒有信心，看到別人提取糕餅，便擔心餅店真的會因此倒閉，於是紛紛加入提餅的行列。到頭來自己損失了時間、精神，換來的糕餅一時間也吃不完，西餅店亦承受了很大的衝擊。這種兩輸的局面其實是可以避免的。

這些例子說明了：人們往往只顧及自己眼前的利益，採取競爭手段去剝削別人或保護自己，使自己不被別人剝削，結果兩敗俱傷。可是在這類型的處境中，一方面獲勝並不代表另一方面一定會有損失，若雙方合作，則雙方也可以成為贏家。若雙方互相競爭，則雙方都會變成輸家。

不斷追求個人突破、進步是很多人的生活目標。有些人會認為「有競爭才有進步」，勝利寶座只可容納一個人。為了要打敗所有對手，便力求突出自己，以增加勝利的機會。但在這激烈的競爭中，卻培植了妒忌、猜疑等副產品。這些副產品可以損害人與人之間的融洽關係，更可能惹來衝突，助長損人利己的行為，因而嚴重地打擊了互相尊重、互補不足的合作基礎。

要使雙方都能夠成為贏家，在訂定個人目標時，既要考慮自己的期望和需要，亦要顧及別人的想法、需要和感受，並對別人有基本的信任。若只顧自己而不去尊重別人的需要，也不信賴別人，便容易引起競爭、猜忌或磨擦等不愉快的人際經驗。但若只為別人著想而罔顧自己的需要，雖然也能成為一個受歡迎、不會被人拒絕的人，但同時卻很容易受人操控、壓制或剝削，甚至迷失自我。這種被動的人，生活也不好過。因此在訂定社交目標時，應在自己和別人的利益、需要中取得平衡，尊重自己與別人的權利，不去剝削他人。同時亦要有能力去保護自己不受剝削，這樣才會增加互相信任、互利互惠的可能性，以求達到「雙贏」的局面。

結 語

總括來說，社交才能與智能有很大的分別，因為社交才能並不單是一些超卓的認知才能及社交技巧。它要求一個人懂得怎樣去將這些才能適當地運用在日常社交生活中，來爭取自己與他人的共同利益。

第11章 道德判斷

在中國，道德修養一直被視為個人修養的終極目標。〈小戴禮記．大學篇〉云：「大學之道，在明明德，在親民，在止於至善。」品德修養也被認為是一切功業的基礎。〈大學篇〉亦云：「自天子以至庶人，壹是以脩身為本，其本亂，而末治者否矣。」

即使在現代中國，企業管理強調效率，標榜工作績效，但個人品德仍被視為成功領導的重要元素。在西方和日本的管理心理學研究中，發現成功的領導要一方面能提升工作績效，一方面懂得維繫團體的團隊精神。但在中國，成功的領導除了這兩個條件外，還要能令下屬覺得自己的個人品德足以作屬下的模範（凌文輇，1991）。因此，在中國社會中要服眾，似乎要才德兼具。

談到道德，便很難避開價值判斷。到底那些道德觀念是正確善良的，而那些觀念則是異端邪說呢？這不是心理學可以回答的問題。心理學研究只能描述一般人作道德判斷時使用的準則，及採納某一道德觀念可能帶來的思想和行為後果。研究結果可以讓人們更了解自己在作道德判斷和解決道德疑難時採用的方法，也可以令他們知道採納不同道德觀念的心理意義，因而為他們提供反省的素材。至於在反省之後，他們會追求那種道德目標，重視那種道德價值，便完全由他們自己決定了。心理學在道德發展上，只能提供反思的題材和道德抉擇的知識基礎，但它卻不能為任何人提供一個道德修養的方向。

在這前提下，我們擬在本章中，介紹和道德修養有關的兩道心理學研究題目，並簡述在每一道題目上我們找到的一些答案，以供讀者參考。這兩道題目分別是：①道德判斷的準則與偏差，和②道德觀念的基本類型和各類型的心理學意義。

第一節　道德判斷的準則

在判斷一個人的行為是否道德時，人們常會考慮到那人做這件事的企圖（Heider, 1958; Jones & Davis, 1965）。一個人有心行善，比他無意做了好事更值得尊敬褒獎。一個人故意作惡，比他犯上無心之失更值得譴責。事實上，在中國古今律典中，在考慮施行賞罰時，很多時候會用到緣心問罪的準則。所謂緣心問罪，就是按被告犯罪時的心理狀態來判斷罪行的嚴重程度，並決定刑罰的輕重。

在社會心理學中，一般認為人們在作道德判斷時，除了考慮行為帶來的後果有多嚴重外，亦要考慮行事者的企圖。當然，行為背後的企圖是抽象的心理概念。行為的動機不能憑肉眼觀察。很多時候，人們只能從行為和環境推斷當事人行事時的心理狀態。要準確地作出這種推斷，需要有一定程度的分析能力。幼童缺乏抽象思維的訓練，分析能力的發展未臻成熟，常常需要成人的輔助，才能在是非判斷中，考慮到行為判斷的動機（Piaget, 1965）。在一般情況下，幼童在判斷某一行為孰是孰非時，傾向重視行為造成的後果。如果一個行為帶來了嚴重的負面後果，幼兒會認為該行為是不對的。反之，如果該行為造成很大的良性後果，幼兒多會認為該行為是道德的。

和兒童的分析能力相比，成年人的分析能力較高。在作道德判斷時，較能考慮行為的動機和企圖（Elkind & Dabek, 1977; Fincham & Jaspars, 1980; Gutkin, 1972; Hatano, 1970; Rotenberg, 1980; Weiner & Peter, 1973）。譬如，他們在判斷別人是好人還是壞人時，會考慮到那人行事時的心理狀態和客觀環境。如果甲君的親戚犯了法，甲君對他的親戚所犯的案件全不知情，一般人也不會因為甲君與犯人的關係，而認為甲君要對犯人的行為負責或受到譴責。進一步而言，如果甲君約乙君晚上到他家裡小聚，而乙君在往甲君家途中被匪徒搶劫，人們或許會認為甲君要為乙君的不幸負一點責任，因為如果甲君不是在晚上約乙君到他家裡去，乙君便不會遇劫了。但甲君在事前並不能預知乙君會遇劫，也不希望乙君受害，所以甲君還是不應受到強烈的譴責。

在以上乙君被劫的例子裡，如果甲君知道往他家的途中晚上常有匪徒行劫路人，仍約乙君晚上到他家中赴會，即使甲君並沒有傷害乙君的意圖，但甲君粗心大意，所以便應受到較強烈的譴責了。按這種分析，要是一個人犯了無心之失，他要受多嚴厲的懲罰，主要決定於他事前能否預測自己的行為會帶來什麼後果。

當一個人故意傷害別人時，他便要對此事負較大的責任了。在古今中外的律典中，在裁決被告是否有罪和決定刑罰的輕重時，很多時候會考慮被告是否故意犯案。在中國古代的律典中，就有「緣心問罪」的概念，認為犯人應受到什麼處分，主要決定於犯人有沒有犯罪的企圖。研究也顯示，一般人會對故意犯規的人，作出較負面的道德評價和較嚴厲的處分；反之，對犯了無心之失的人，便會有較寬鬆的對待（Alicke et al, 1990; Fincham, 1981; Fincham & Jaspars, 1980; Forsyth, 1981; Kravitz & Wyer, 1979; Rotenberg, 1980; Shaw & Reitan, 1969; Weiner & Peter, 1973）。

當然即使是蓄意行兇，但如果被告在行兇時是身不由己，或因為逼於無奈才犯案，被告要負的責任便可大大減輕。譬如，甲長期虐待乙，致使乙失去理性將甲殺死，又或是甲企圖殺害乙，乙為了自衛而殺死了甲，在這些情況下，乙的行為雖然是故意的，但他要受到的譴責可能也不會非常強烈。

最後，人們在作道德判斷時，也會考慮到環境因素。如果一個社會重視廉潔和守法，並制定了嚴峻的法例打擊貪污，但仍有政府官員知法犯法、貪污舞弊，這些官員的行為便難以原諒了。可是，要是一個社會貪污成風，雖有法例打擊貪污，但卻形同虛設，即使有官員被發現收受賄賂，人們可能認為他們是受到環境濡染，上行下效，因而給他們較輕的譴責。

以上，我們介紹了一些在判斷別人的道德責任時，可以採用的準則。這些準則在中外律典中，也很受重視。剛才提出的「緣心問罪」原則，自中國晉唐以來，已經被納入國家的法律制度裡。在歐美的律典中，更強調在判罪論刑時，法官和陪審員應該只考慮被告在犯案時的心理狀態，而不應考慮他們所犯的罪帶來的後果有多嚴重。對於一位謀殺犯，不管被害者是一位奉公守法的良民，還是一位十惡不赦的罪梟，他也應受到較嚴厲的處分；對於一位誤殺犯，不管受害人是誰，也應受到較寬鬆的處理。

為什麼在作道德判斷時，要顧及行事者的心理狀態，而不應考慮行為造成的後果呢？如果甲因謀殺了一位慷慨公益的富商而被重判，而乙卻因謀殺了一名無家可歸的流浪漢而被輕判，這樣，法律便不能為一些被社會遺棄了的人提供平等的保障了。法律之前，人人平等。公平女神用布矇眼，手執天秤，就是象徵法律會不管人的貴賤，只按行事者行事時是否存心不良，而裁定忠奸，施行賞罰。

心理學的研究指出，在判斷別人的道德責任時，很多人會考慮到行事者的心理狀態。在以下的情況下，他們會認為犯事人應受到較嚴厲的處分：①犯事者是自發地而非被逼犯事的（Shultz, Schleifer, & Altman, 1981）；②犯事者在犯事前知道他的行為會帶來什麼後果（Alicke, Weigold, & Rogers, 1990; Fincham & Jaspars, 1983; Fincham & Shultz, 1981; Shultz et al., 1981; Schroeder & Linder, 1976）；③雖然客觀環境防止犯事人犯事，但他仍然犯錯（Fincham & Jaspars, 1983; McGraw, 1985）；和④犯事人本來可以操縱形勢，防止自己犯事，但他還是犯錯（Alicke & Davis, 1990）。

第二節　道德判斷上的偏差

在作道德判斷時，人們常常需要在道德範疇內行使自己的分析能力，辨認出行事者的行為動機，從而對行事者的行為作出道德評價。但在作這種分析時，很多人往往忽略了行事者的行為動機，單從行為造成的後果、甚至行事者的社會地位和生活習慣，來作為道德判斷的標準。

早在1966年，社會心理學家Walster發現，在對別人的行為作道德判斷時，人們會考慮到行為造成的結果有多嚴重。譬如在一宗交通意外中，事主將汽車停泊在山丘上，但因煞車系統失靈，汽車滑下山坡。如果在這宗意外中，受影響的人越多，人們便認為事主要對意外負越大的責任。同樣，如果意外造成的財物損失越大，人們也會認為事主要負越大的責任。有趣的是，在這故事中，不論意外影響了多少人，造成多大的損毀，意外的發生都不是事主故意造成的。因此，按上一節介紹的道德判斷原則，事主應不需對意外負很大的責任。可是即使在這種情況下，如果意外造成了嚴重的後果，受測者還是覺得事主要負上頗大的責任。

人們在作道德判斷時的偏差，在八十年代的一宗傷人案中表露無遺。事發於紐約市的一個晚上。一名從德州來的旅客在地鐵列車上，遇到四名青年向他索取五美元。那位旅客感到生命受到威脅，於是拔出手鎗向四名青年攻擊，結果一名青年中鎗，導致腦部受創，局部癱瘓。後來，警方發現那四名青年均有犯罪紀錄。其中三人在事發時，身上藏有螺絲刀。德州旅客旋即被警方拘捕，並控以嚴重傷人罪。很多紐約市民聞訊，均認為被告因為自衛才傷人，應被判無罪釋放。

令人意外的是：四名青年的犯罪紀錄和身上的武器，在事發後才被發現，被告在開鎗時根本不知道這些資料。而且，當一名青年中鎗倒地後，無力反抗，被告仍向他再開一鎗。這些證據顯示，被告傷人並非完全出於自衛。可是，雖然紐約市的市民也知道這些證據，但他們仍然認為被告傷人是可以原諒的。事實上，部分市民甚至認為被告是警惡懲奸的英雄。最後，被告被法院裁定無罪。

心理學家 Alicke 認為在這事件中，紐約市民並沒有仔細分析被告傷人時的心理狀態。他們只用了一種很簡單的信念來作道德判斷，認為傷害好人的人便是壞人，而傷害壞人的人便是好人。為了證明這假設，他進行了一項實驗（Alicke & Davis, 1989）。在這項研究中，受測者充當陪審員，裁決以下一宗殺人案：

1984年四月十六日，被告鎗殺了一名男子。當日，被告提早下班回家，發現死者在女兒房間內不知在找尋什麼。他一進門，便聽到樓上有人。他知道他的女兒和妻子外出度假，所以樓上的人不會是他的家人，為了安全起見，他從抽屜中取出手鎗。當他走到樓上，打開女兒房間的門時，馬上看到一名男子向他轉過來，手上拿著一件黑色的東西。被告馬上向他開鎗，子彈射穿該男子的胸膛，一鎗致命。

跟著，研究員將受測者分為三組，告訴其中一組，死者原來是被告女兒的男朋友，因受被告女兒所託，到他家中找尋她的日記簿。對另兩組受測者，研究員則說死者原來是一名有暴力傾向的危險歹徒或一位沒有危險的小偷。

當受測者知道死者原來是一位無辜的人時，他們便認為被告要受到較強烈的譴責。反之，當受測者知道死者是賊人時，不管死者會否威脅被告的性命，受測者仍會對被告從輕發落。這證明受測者的道德判斷，並不是決定於被告的生命安全是否真的受到危害。他們只是依據一個很簡單的原則作決定：傷害一個匪徒比傷害一個無辜的人情有可原。值得注意的是，在三個實驗組中，死者的身分都是事發後才被發現的。因此，死者的身分不會影響被告開鎗時的心理狀態。事實上，被告傷人時的心理狀態，在三個實驗組中是完全相同的。雖然如此，受測者在作道德判斷時，仍會用死者的身分作判斷的基礎。

在作道德判斷時，人們不但會受被害者的身分影響，也會受被告的個人特徵影響。在 1995 年轟動美國的 O. J. Simpson 案中，著名足球員 O. J. Simpson 被控謀殺，最後被判無罪釋放。據〈新聞週刊〉的報導，在開審前，四分之三的準陪審員認為被告不會犯殺人罪，因為他是一位傑出的運動員！

當然，不是每個人都只考慮別人的個人特徵而不顧其他證據，便貿然作出道德判斷。在我們的研究中發現，有些人相信人的道德是不可改變的，因此認為每一個人都有固定不變的道德水平。只要能從別人的行為舉止辨認出別人的道德水平有多高，便可判斷某人會不會做出其他道德或不道德的行為（Chiu, Hong & Dweck, 1997）。譬如，如果甲相信每個人都有固定不變的道德水平，當甲知道乙曾向人說謊，便可能會從這片面的行為推斷乙是個不誠實的人。假如乙後來被控偷竊罪，甲可以毫不考慮當時的證據，便斷定乙是有罪的，因為甲一直認為乙是一個不誠實的人。

當然，也有些人相信人是沒有固定不變的道德水平的。對他們而言，人的道德水平是可以提升或改變的。因此，即使知道別人曾經犯錯，也不能從此斷定別人將來會不會犯錯。故此，在對別人作道德判斷時，便會較多考慮其他證據了（Gervey, Chiu, Hong & Dweck, in press）。

在我們的一項研究中，受測者充當陪審員，要審結一樁謀殺案。案中死者被人用刀刺死。法醫官證實行兇者可能是慣用左手的。在案發之日，有證人看到被告用左手或右手在名冊上留名，然後才乘升降機前往死者辦公室。據證人的供辭，被告當日衣著整齊或衣著有點不杉不履。結果，認為人是有固定道德水平的人，在判罪時只考慮被告的衣著是否整齊。他們認為衣著整齊的被告比不杉不履的被告具較高的道德水平。他們當中，較多認為衣著整齊的被告是無罪的，而不杉不履的被告是有罪的。至於被告慣用左手還是右手，並沒有影響這些受測者的判斷。

至於那些認為人是沒有固定道德水平的人，他們在判罪時只考慮被告是否慣用左手，他的衣著對這群受測者的判斷毫無影響（Gervey et al., in press）。

一般人在作道德判斷時，不論他們用的是什麼準則，都希望作出一個公平的判斷。有趣的是，這種追求公平的善良動機，往往會衍生嚴重的偏差。社會心理學家 Melvin Lerner（1980）發現不少人希望世界是公平的。在這公平的世界裡，每個人都會得到自己應有的待遇；同時，每個人的待遇均是他應該得到的。當遇到不公平的事件時，為了維護世界是公平的信念，人們會不惜顛倒是非，使世界變得更不公平了。

譬如，在無家可歸的露宿者當中，有些人可能是因為天災喪失家園。他們所得到的待遇並不是他們應得的。可是，看到無辜的人受傷害，人們便不敢再相信世界是公平的了。一個不公平的世界是危險的世界，因為在不公平的世界中，不幸的事可能會無緣無故地降臨在自己身上。因此，有些人是無法接受世界不是完全公平的。為了維持世界是公平的信念，他們會不惜歪曲事實。譬如遇上無辜地喪失家園的露宿者，便說他們是因為不懂得未雨綢繆，甚至說他們不修私德，所以才有此報應，他們遇到的不幸其實是咎由自取的。因此，對於不幸的人，這些人為了維持世界是公平的信念，不但不會向他們伸出援手，反而會對他們作出較負面的評價，令他們要在社會上面對更大的壓力。

早在1966年，社會心理學家已發現，當人們的公平信念受到威脅時，他們便會對受害者落井下石，令不公平的世界變得更不公平。在一項研究中，受測者先看到另一個人在參與一項學習心理學研究時受到電擊。每當這個人在一項記憶練習中出錯，便會受到痛苦的電擊。稍後，有些受測者知道他有機會可以幫這個人在另一項記憶練習中得到補償，另一些受測者則知道那位被電擊的人，在下一項練習中仍要受到電擊。跟著，研究員請受測者評鑑那個人的性格。當受測者知道那人稍後會得到補償時，他們覺得世界是公平的，對那人的評價比較中性。但當受測者知道那人稍後仍會受到電擊時，因為無法接受一個無辜的人會不斷受到傷害，所以便對那人作出較負面的評價，認為他較殘酷愚笨，所以他是應該接受痛苦的電擊。

在這項研究中，也有一些受測者看到一個人受電擊後，那人本來可以不需要在下一節實驗中受電擊，但為了免使另一個人在實驗中受電擊，情願替別人繼續參與電擊實驗。在這種情況下，受測者對這種捨己為人的行為，應該是推崇尊敬的。可是，這個捨己為人的人，卻使本來不公平的局面變得更不公平。一個捨己為人的好人竟然接二連三地受到懲罰，這狀態是受測者的公平觀容納不下的。為了維護公平觀，他們竟對那人作出最負面的評價，認為電擊是這種殘酷愚笨至極的人應得的報應（Lerner & Simmons, 1966）。因此，急於維持世界是公平的信念，往往會適得其反，令不公平的狀態更加惡化。

在以上的討論中，可以看出在追求公平的歷程中，人們常會作出偏頗的判斷。他們這樣做，不是因為他們懷有邪惡的目標或信念。反之，他們的用心可能是善良的，而他們的信念也是正直的。

那麼，問題到底出在那裡呢？據以上的分析，問題的癥結可能在人們所持的信念過於強烈，與現實情況不相符。譬如，人們會覺得傷害忠良是不道德的，而為民除害是值得推崇的。在一般情況下，這種信念可能是對的，但有時人會因為無心之失而傷害了一個善良的人。在這情況下，那人是否應受到很嚴厲的處分呢？匪黨各營私利，自相殘殺，他們是否因為所傷害的人是犯案纍纍的人而應受到輕判呢？要避免作出偏差的判斷，最好還是依循「緣心問罪」的原則。

其次，人的道德水平真的是那麼牢固的嗎？當然要提升一個人的道德水平，除了個人要立志向上外，環境的配合也十分重要。孟母三遷其居，才為兒子找到一個有利道德發展的環境。但孟子在孟母的輔導下，由一個無心向學的少年，變成一位重視德育的學者，不正是說明了一個人的道德水準是可以改變的嗎？

人們都渴望有公平的世界，但他們也必須接受社會中還存在著很多不公平的事。面對著不公平的事件時，可以想想怎樣改變社會上的人和事，才能令社會更趨公平。這些推想也許能在人們追求公平的世界時，提供一個行動的頭緒，而不致於掩耳盜鈴，自欺欺人地為自己製造出一個虛妄的公平世界來。

在法治的社會裡，陪審團和法官制度在維持社會的公平、安定方面，扮演著重要的角色。法官和陪審團所作的道德判斷，可以嚴重地影響一個人的一生。因此，他們作判斷時，要儘量避免上述的偏差。在日常生活和工作上，人們每天都要作出很多道德判斷，決定誰是誰非。如果作判斷時出現偏差，不但會破壞自己的公信力，不能服眾，而且還可能會使別人覺得自己偏袒某一方，因而造成人際間的紛爭。

在這節中，我們指出要避免造成這些偏差，其中一個方法是對自己的基本道德信念作深入反省。我們也在這節中指出了一些反省的方向，以供讀者參考。

第三節　道德信念

談到道德信念，不得不提到政治科學家 Dworkin（1978）對道德信念的分類了。Dworkin 認為道德信念可分為三種。一是以責任為本的道德觀，認為一件事的對錯，最終決定於當事人有沒有履行應盡的責任或義務。一是以人權為本的道德價值，認為一件事的對錯，最終決定於當事人有沒有侵犯別人的基本人權。一是以目標為本的道德價值，認為一件事的對錯，最終決定於是否可以達致公益的目標，譬如，如果一件事能令人們獲益，便是對的；若一件事令公眾受損，便是壞事。

心理學家對責任為本和人權為本這兩種道德信念特別重視。著名發展心理學家 Lawrence Kohlberg 認為責任為本的道德信念較人權為本的道德信念具體，也較容易掌握。所以兒童在成長歷程中，是先學會使用具體的社會責任作道德判斷準則。待他們較年長，學會作抽象思維後，才會用較抽象的人權原則作道德判斷的依歸（Kohlberg & Ryncarz, 1990）。

在 Kohlberg 的理論下，與人權為本的道德信念比較，責任為本的道德信念屬層次較低的道德信念。因此，懂得以人權為本作道德思考的人，雖然不會贊成以責任為本的道德信念，但他們卻明白別人為什麼會利用責任作道德判斷的標準。反之，慣用責任作道德判斷的人，可能尚未懂得利用抽象的人權概念作道德思維，因此他們不但不會以人權為道德判斷的依歸，也不懂得欣賞人權觀念的道德意義。

可是，研究證據卻指出 Kohlberg 這假設是不對的。譬如，在美國，很多政治較保守的人均認為責任比人權重要。可是，如果在實驗中要他們模擬一個在政治上較開放的人怎樣作道德判斷，這些受測者便多數會以人權作判斷的準則了（Emler, Renwick, & Malone, 1983）。由此可知，即使是慣用責任作道德判斷的人，他們也明白人權觀念的道德意義，只是由於他們的政治觀念，才會不贊同以人權作道德判斷的最終原則。

若將東、西方文化作一比較，明顯地東方文化較重視以責任為本的道德信念，而西方文化則較重視以人權為本的道德信念（Shweder & Miller, 1985）。譬如，在中國社會中，盡人際間的義務是一種很基本的道德要求。一個能履行人際間義務的人，便是一個賢德的人，一個不能履行個人角色義務的人，便會被視為不道德的人（Chiu & Hong, 1997；趙志裕，1990）。因此，在中國社會中，上司要以德服人，便先要反省自己有沒有完成他身處的崗位對他的期待，才對屬下作出要求。所以，在傳統的中國領導哲學中，很強調以身作則。在個人修養的功夫上，也很重視「反求諸己」的哲學。

中國人重視人際間的道德責任，而西方人則較重視人權，這並非意味著東方人較缺乏進行抽象道德思維的能力。在我們的研究中，發現東、西文化在道德信念上的差異，可能源於兩種文化對個人與社會的關係抱有不同的觀點（Su, Chiu, Hong, Leung, Peng, & Morris, in press）。在歐美文化中，強調社會制度不是固定不變的。反之，當社會制度窒息了個人追求自我和理想的機會時，制度便要向個人讓路。美國的獨立宣言，是美國政治史上的重要文獻，被美國人民奉為美國道德精神的依據。在宣言中清楚地指出，政府體制雖然不可輕言廢立，但當政府長期侵犯個人權利時，人民是有理由推翻政府的。

反之，在中國，社會崗位是不可任意改變的。當個人的理想與身處的崗位出現衝突時，個人的理想要受崗位和角色的限制。所謂「不在其位，不謀其政」，就是這個道理。在我們的研究中，也發現和美國人比較，香港的中國人較相信社會制度是不可改變的，而他們也較相信責任是道德判斷的基本原則（Chiu, Dweck, Tong & Fu, 1997）。這些結果說明了道德觀和社會觀是有密切關係的。

我們的研究也顯示，以責任為本和以人權為本作道德判斷時，人們對正面和負面的行為可能會有不同的反應。當人們以責任為本作道德判斷時，若遇到別人作出正面行為，會認為那人只是盡了自己的責任，不值得獎賞。可是，當他們看到別人犯了錯時，便覺得對方應受到懲罰。

反之，當人們利用人權作道德判斷的準繩時，若遇上別人做了些正面的行為，較不會覺得別人是受到責任的驅使才會做好事。因此，他們也較懂得欣賞正面的行為。倘若他們遇上負面的行為，也不會覺得別人做了些不負責任的行為，應受到嚴厲的處分（Chiu, Dweck et al., 1997）。

由此可知，以責任為本的道德信念，使人較重視懲治和遏止可能會破壞社會制度和秩序的行為，對維持社會的安定會有幫助。以人權為本的道德信念，使人較注重獎勵正面的行為，並不要求個人依附於社會制度，對促進社會變革是有幫助的。

因此，兩種道德信念本身並沒有優劣之分。在培養個人的道德修養時，我們可嘗試從兩種觀點去考慮問題，以人權道德的優點來平衡責任道德的缺點，並以責任道德的優點來調和人權道德的偏激。不因為偏於責任而放棄推行社會的變革，也不因為偏於人權而令社會失去秩序。

結　語

不少中國人會以中國是一個「禮義之邦」而感到自豪。中國文化強調道德的培養，認為才德兼具是理想領導應有的才能。我們在本書其他各章中，討論了各種才能的意義和提升方法。在本章中，我們集中討論了一些在道德判斷上應該注意的問題。我們假設讀者是希望作出公正的判斷，使別人得到公平的裁決和賞罰，並建立一個公義的社會，令別人對自己的判斷心悅誠服，而自己在作出決定後也問心無愧。但值得注意的是，即使有了這些善良的動機，人們仍可能在作道德判斷時產生偏差，造成不公平的結果。我們希望透過本章，為讀者提供一些反思的素材，令讀者在追求他們的道德目標時，更能達到從心所欲的境界。

第12章 總　論

我們在這本書中，介紹了九種智能以外的能力。這九種能力涵蓋了思維、學習、毅力、情緒控制、社交和道德多個範疇的能力。每種能力對個人的生活水準均有貢獻，而且每種能力和其他能力均可以互相補益。

在討論每種能力時，我們都指出那種能力是可以培養和增長的，並介紹了一些鍛鍊那種能力的方法。當然，要提升任何一種能力並不容易，但研究指出，只要有決心，訓練方法適當，能力便可以慢慢提高。即使是一般人認為比較固定的智能，在適當的環境下，也是可以提升的。

透過系統的研究，行為科學家已找出了不少可以有效地提升能力的方法。可是仍有不少人覺得能力是與生俱來，不可改變的定量。在本書中，我們曾多次指出這種信念不但會阻礙能力的發展，而且還會降低自己的適應能力。一個相信智能不能改變的人，遇到學習上的挫折，便覺得能力不逮，無法克服學習上的困難。有的甚至會變得消極氣餒，不敢面對新挑戰，因而放棄了學習機會，阻慢了學習的速度。

一個人要是相信社交能力是不可改變的，在遇到別人排擠時，便認定自己的社交能力不如人。因為他們覺得即使怎樣努力鍛鍊自己的社交技巧，也不能改變自己的社交能力，所以在遇挫時，便心灰意冷，不去嘗試改變自己，反而儘量避免與其他人接觸，結果使自己變得更孤獨。

在道德的範疇中，一個覺得別人的道德水平是固定不變的人，往往會嘗試從別人的行為中，判斷別人的道德水平。這種思考方式很容易令人們在作道德判斷時出現偏差。

所以，拓展能力的第一步，正是要對能力的本質抱較積極樂觀的信念，相信能力是可以增加的（Chiu, Hong, & Dweck, 1995）。

阻礙能力發展的另一因素是：人們如何面對自己的能力。很多人對自己現時的能力很關心，因為知道了自己現時的能力後，便可以定下發展的目標，使自己能更上一層樓。這種面對能力的態度，可以驅使一個人努力學習，使自己在各種能力上都有進步。

可是，有些人希望知道自己現時的能力，目的只是要證實自己的能力有多高，自己是否比別人優秀。如果發現自己比別人能幹，便容易自滿，不再虛心向別人學習。如果發現自己比別人差，便沮喪消極。這種態度對能力的發展，一點好處也沒有。

因此，在本書中，我們並沒有詳細討論各種能力的測量方法，原因是不希望讀者們在閱讀這本書時，只關心自己的能力是否比別人高。這是一本關於如何提升能力的書。我們希望讀者在讀這本書時，能抱著學習的態度來面對能力，不要時時刻刻想著自己是否比別人強。

雖然我們強調能力是可以提升的，但卻不希望讀者覺得任何人只要想提升自己的能力，便可輕易地完成目標。佛家講求頓悟，認為只要能放下偏執，便可馬上悟出圓融的知慧，修成正果，立地成佛。雖然，古今不少禪師獨具慧根，能頓識玄理，但也有不少高僧，窮畢生修鍊，才參透禪機。才能的培訓和參禪相近，只有少數人可以頓悟，一般人必須透過不斷鍛鍊自己，不斷反省自己的態度和信念，才會有所成就。因此，毅力或意志力除了是一種基本能力外，也是輔助其他能力發展的動力。

我們一直強調如何提升自己的能力，似乎將才能拓展的責任全部放在個人身上。其實，社會和環境對才能發展也是十分重要的。譬如，在一個急功近利的社會裡，沒有人願意投資在一些新發明和新創作上，創意便容易被窒息。因此，要促進才能拓展，大至整個社會，小至生產機構、學校、家庭，都需要具備鼓勵才能發展的條件。

要怎樣才能創造出這些條件呢？這是一個很大的課題，不是本書的篇幅所能涵蓋。在討論某些才能（如創造力）時，我們描述了一些較具體的方法，來塑造有利創意產生的條件。讓我們在這裡舉一個例子，來說明環境對能力成長的重要性。譬如，在學習才能上，現代的父母大多會同意當小孩子在學習上有成就時，便應該稱讚他們，藉此建立小孩子的自信心。可是如果孩子的成績好，父母便稱讚他們的能力高，這便可能會使孩子過分注意自己能力的高低，造成反效果。但父母如果在孩子成績好時，稱讚他們有進步，肯努力學習和懂得使用有效的方法來解決問題，孩子們便會注意到用心學習和成就的關係，因而較注重學習（Mueller & Dweck, in press）。

那麼應在什麼時候開始培訓一個人的能力呢？傳統中國的社教觀認為幼孩是無知的，幼童不懂得分辨是非，對能力也不會有什麼了解（Ho, 1986）。因此，在這階段開始培訓孩子的能力，是徒勞無功的。在美國的心理學界中，也有些學者認為學前孩童還未能掌握抽象的概念，因此不了解能力是怎麼一回事（見Dweck, 1991）。可是，近年的心理學研究卻發現，即使三、四歲的小孩，已懂得評價自己的能力，而且他們還學會了一些抽象的自我概念。他們雖然不明白怎樣才是聰明，但他們懂得判斷自己是不是一個好孩子。更有趣的是，這些幼孩當中，已有一些開始相信「是不是一個好孩子」這種特質是固定不變的。同時，學會了這種信念的小孩子在遇挫時，一樣會有無助和消極的反應。如果家長在這時候介入，幫助小朋友改善他們的自我觀念，可能可以提升他們面對挫折的能力。因此，才能的拓展訓練，在小孩子三、四歲時已經可以開始，而家庭教育是才能發展不可缺少的一環。

事實上，在智能發展上，一般家長已認識到學前教育的重要性。可是在其他的才能上，家長們仍需要加一把勁。

在本書首章中，我們提出了全人發展的觀點，認為才能發展不能集中於一、兩種才能。反之，我們主張認識自己各方面的能力，然後定下目標，在自己比較落後的能力上多下功夫，使自己能在多種能力的發展上並駕齊驅。我們在本書中集中探討了九種才能，但並不表示人的才能就只有這九種。還有各種智能以外的能力，因篇幅有限，不能盡錄。雖然如此，我們希望讀者們能透過本書認識到多元才能的觀點，了解到除了智能以外，還有很多才能對個人和社會也很重要。

近期很多人對才能的討論，均集中於才能拓展對個人成就的重要。我們也相信多元才能可以令人更有效地達成自己的目標。但多元才能對生產機構和社會發展也很重要。在工業革命之初，生產機構掌握到所需的資金，購買到可以促進大量生產的機械，便可以大大提升自己的競爭力。可是，時至今日，集資途徑多元化，機構間的競爭已由資本、價格和品質，轉移到人才資源的水準上的競爭。如果機構能積極地發展人才資源，便可將競爭力提升。員工在機構內得到培訓機會，工作滿足感自然增加，員工轉業的機會也會降低。若多個機構也著重才能拓展，不但社會的整體競爭能力可以得到提升，社會也會變得更有創意、更有活力和更和諧。

這是一個很遠大的理想。我們希望藉這本書盡一點綿力，與大家一起朝這個理想再邁出一步。

參考文獻

一、中文部份

凌文輇（1991），**中國的領導行為**。
見楊中芳、高尚仁編〈中國人．中國心：人格與社會篇〉，409-448 頁。台北：遠流。

趙志裕（1991），**義：中國社會的公平觀**。
見高尚仁、楊中芳編〈中國人．中國心：傳統篇〉，261-285 頁。台北：遠流。

二、英文部份

Alicke, M. D., & Davis, T. L. (1989). The role of a posteriori victim information in judgments of blame and sanction. *Journal of Experimental Social Psychology, 25*, 362-377.

Alicke, M. D., & Davis, T. L. (1990). Capacity responsibility in social evaluation. *Personality and Social Psychology Bulletin, 16*, 465-474.

Alicke, M. D., Weigold, M. F., & Rogers, S. L. (1990). Inferring intentions and responsibility from motives and outcomes: Evidential and extra-evidential judgments. *Social Cognition, 8*, 286-305.

Amabile, T. M. (1979). Effects of external evaluation on artistic creativity. *Journal of Personality and Social Psychology*, *37*, 221-233.

Amabile, T. M. (1982). Children's artistic creativity: Detrimantal effects of competition in a field setting. *Personality and Social Psychology Bulletin*, *8*, 573-578.

Amabile, T. M. & Gitomer, J. (1984). Children's artistic creativity: Effects of choice in task materials. *Personality and Social Psychology Bulletin*, *10*, 209-215.

Amabile, T. M., Hennessy, B. A., & Grossman, B. S. (1986). Some influences on creativity: The effects of contract-for-reward. *Journal of Personality and Social Psychology*, *50*, 14-23.

Atkinson, J. W. (Ed.). (1958). *Motives in fantasy, action, and society*. Princeton, NJ: Van Nostrand.

Bandura, M., & Dweck, C. S. (1985). *The relationaship of conceptions of intelligence and achievement goals to achievement-related cognition, affect and behavior.* Unpublished Manuscript. Harvard University.

Biggs, J. B. (1991). Approaches to learning in secondary and tertiary students in Hong Kong: Some comparative studies. *Educational Research Journal*, *6*, 27-39.

Biggs, J. B. (1991). Approaches to learning of Asian students: A multiple paradox. In J. Pandey, D. Sinha, & D. P. S. Bhawuk (Eds.). *Asian contributions to cross-cultural psychology*. New Delhi, India: Sage.

Bower, G. H. (1981). Mood and memory. *American Psychologist, 36*, 129-148.

Bower, G. H. (1991). Mood congruity of social judgments. In J. P. Forgas (Ed.), *Emotion and social judgments* (pp. 31-53). Elmsford, NY: Pergamon Press.

Bray, D. W. (1982). The Assessment Center and the study of lives. *American Psychologist, 37*, 180-189.

Cantor, N., Norem, J. K., Niedenthal, P. M., Langston, C. A., & Bower, A. M. (1987). Life tasks, self-concept ideals, and cognitive strategies in a life transition. *Journal of Personality and Social Psychology, 53*, 1178-1191.

Carrahar, T. N., Carrahar, D., & Schliemann, A. D. (1985). Mathematics in the streets and schools. *British Journal of Developmental Psychology, 3*, 21-29.

Cheng, C. (1996). *Toward a social-cognitive interactionist approach to depression.* Unpublished Ph. D.

dissertation, The University of Hong Kong.

Cheng, C., Chiu, C., Hong, Y., & Cheung, S. T. (1998). *Discriminative facility and its role in quality of interactional and affective experiences.* Unpublished manuscript.

Chiu, C., Dweck, C. S., Tong, Y., & Fu, H. (1997). Implicit theories and conceptions of morality. *Journal of Personality and Social Psychology, 73*, 923-940.

Chiu, C., & Hong, Y. (1997). Justice in Chinese societies: A Chinese perspective. In H. S. R. Kao & D. Sinha (Eds.), *Asian perspectives on psychology* (pp. 164-184). New Delhi, India: Sage.

Chiu, C., Hong, Y., & Dweck, C.S. (1994). Toward an integrative model of personality and intelligence: A general framework and some preliminary steps. In R. J. Sternberg & P. Ruzgis (Eds.), *Personality and intelligence* (pp. 104-134). Cambridge, UK: Cambridge University Press.

Chiu, C., Hong, Y., & Dweck, C. D. (1997). Lay dispositionism and implicit theories of personality. *Journal of Personality and Social Psychology, 73*, 19-30.

Chiu, C., Hong, Y., Mischel, W., & Shoda, Y. (1995). Discriminative facility in social competence: Conditional versus dispositional encoding and monitoring-blunting of information. *Social Cognition, 13*, 49-70.

Chiu, C., Krauss, R. M., & Lau, I. Y. (in press). Some cognitive consequences of communication. In S. R. Fussell & R. J. Kreuz (Eds.), *Social and cognitive psychological approaches to interpersonal communication.* Hillsdale, NJ: Erlbaum.

Chow, P-Y. (1996). *Implicit theories and intergroup perception. Unpublished undergraduate thesis.* The University of Hong Kong.

Clark, H. H., & Wilkes-Gibbs, D. (1986). Referring as a collaborative process. *Cognition, 22*, 1-39.

Conti, R., Amabile, T. M., & Pollak, S. (1995). The positive impact of creative activity: Effects of creative task engagement and motivational focus on college students' learning. *Personality and Social psychology Bulletin, 21*, 1107-1116.

Deci, E. L., & Ryan, R. M. (1980). The empirical exploration of intrinsically motivated processes. In L. Berkowitz (Ed.), *Advances in experimental social psychology* (Vol. 13, pp. 39-80). New York: Academic Press.

Deci, E. L., & Ryan, R. M. (1985). *Intrinsic motivation and self-determination in human behavior.* New York: Plenum Press.

Dweck, C. S. (1991). Self-theories and goals: Their role in motivation, personality, and development. In R. Dienstibier (Ed.), *Nebraska Symposium on Motivation: Vol. 38. Perspectives on motivation* (pp. 199-235). Lincoln: University of Nebraska Press.

Dweck, C. S. & Bush, E. (1976). Sex differences in learned helplessness : I. Differential debilitation with peer and adult evaluators. *Developmental Psychology, 12,* 147-156.

Dweck, C. S., Davidson, W., Nelson, S., & Enna, B. (1978). Sex differences in learned helplessness : II. The contingencies of evaluative feedback in the classroom and III. An experimental analysis. *Developmental Psychology, 14,* 268-276.

Dweck, C. S., & Leggett, E. L. (1988). A social-cognitive approach to motivation and personality. *Psychological Review, 95,* 256-273.

Dworkin, R. (1978). *Taking rights seriously.* Cambridge, MA: Harvard University Press.

Dymond, R. (1953). Can clinicians predict individual

behavior? *Journal of Personality, 22*, 151-161.

Eisenberger, R., & Cameron, J. (1996). Detrimental effects of reward. *American Psychologist, 51*, 1153-1166.

Eisenberger, R., & Selbst, M. (1994). Does reward increase or decrease creativity? *Journal of Personality and Social Psychology, 66*, 1116-1127.

Elkind, D., & Dabek, R. F. (1977). Personal injury and property damage in the moral judgments of children. *Child Development, 48*, 518-522.

Elliott, E. S., & Dweck, C. S. (1988). Goals: An approach to motivation and achievement. *Journal of Personality and Social Psychology, 54*, 5-12.

Elmer, N., Renwick, S., & Malone, B. (1983). The relationship between moral reasoning and political orientation. *Journal of Personality and Social Psychology, 45*, 1073-1080.

Frederiksen, N. (1966). Validation of a simulation technique. *Organizational Behavior and Human Performance, 1*, 87-109.

Fincham, F. D. (1981). Perception and moral evaluation in young children. *British Journal of Social Psychology, 20*, 265-270.

Fincham, F. D., & Jaspars, J. M. (1980). Attribution of

responsibility: From man the scientist to man as lawyer. *Advances in Experimental Social Psychology, 13*, 81-138.

Fincham, F. D., & Shultz, T. R. (1981). Intervening causation and the mitigation of responsibility for harm. *British Journal of Social Psychology, 20*, 113-120.

Flynn, J. R. (1987). Massive IQ gains in 14 nations: What IQ tests really measure. *Psychological Bulletin, 101*, 171-191.

Flynn, J. R. (1991). *Asian-Americans: Achievement beyond IQ*. Hillsdale, NJ: Erlbaum.

Ford, M. E. & Tisak, M. S. (1983). A further search for social intelligence. *Journal of Educational Psychology, 75*, 196-206.

Forgas, J. P. (1992a). Affect in social judgments and decisions: A multiprocess model. *Advances in Experimental Social Psychology, 25*, 227-275.

Forgas, J. P. (1994). Sad and guilty? Affective influences on attributions for simple and serious interpersonal conflicts. *Journal of Personality and Social Psychology.*

Forgas, J. P. (1992b). On mood and peculiar people: Affect and person typicality in impression formation.

Journal of Personality and Social Psychology, 62, 863-875.

Forgas, J. P. (1993). On making sense of odd couples: Mood effects on the perception of mismatched relationships. *Personality and Social Psychology Bulletin, 19*, 59-70.

Forsyth, D. R. (1981). Moral judgment: The influence of ethical ideology. *Personality and Social Psychology Bulletin, 7*, 218-223.

Freeman, A., & Golden, B. (1997). *Why didn't I think of that?* New York: Wiley.

Fussell, S. M., & Krauss, R. M. (1989). Understanding friends and strangers: The effects of audience design on message comprehension. *European Journal of Social Psychology, 19*, 509-525.

Fussell, S. M., & Krauss, R. M. (1992). Coordination of knowledge in communication: Effects of speakers' assumptions about others' knowledge. *Journal of Personality and Social Psychology, 62*, 378-391.

Gardner, H. (1983). *Frames of mind: The theory of multiple intelligences.* New York: Basic Books.

Gervey, B., Chiu, C., Hong, Y., & Dweck, C. S. (in press). Differential use of person information in decisions about guilt vs. innocence: The role of implicit theories. *Personality and Social Psychology Bulletin.*

Gillham, J. E., Revich, K. J., Jaycox, L. H., & Seligman, M. E. P. (1995). Prevention of depressive symptoms in schoolchildren: A two-year follow-up. *Psychological Science*, *6*, 343-251.

Goleman, D. (1995). *Emotional intellignce: Why it can matter more than IQ?* New York: Bantam Books.

Gollwitzer, P. M. (1996). The volitional benefits of planning. In P. M. Gollwitzer & J. A. Bargh (Eds.), *The psychology of action: Linking cognition and motivation to behavior* (pp. 287-312). New York: Guilford.

Gollwitzer, P. M., & Brandsatter, V. (1997). Implementation intentions and effective goal pursuit. *Journal of Personality and Social Psychology*, *73*, 186-199.

Gough, H. G. (1975). *Manual for the California Psychological Inventory*. Palo Alto, CA: Consulting Psychologists Press.

Gregory, R. J. (1996). *Psychological testing*. Boston: Allyn & Bacon.

Guilford, J. P. (1959). Three faces of intellect. *American*

Psychologist, 14, 469-479.

Gutkin, D. C. (1972). The effect of systematic story changes on intentionality in children's moral judgments. *Child Development, 43*, 187-195.

Hatano, G. (1970). Subjective and objective cues in moral judgment. *Japanese Psychological Research, 12*, 96-106.

Heider, F. (1958). *The psychology of interpersonal relations.* New York: John Wiley.

Helmreich, R. L., Spence, J. T., Beane, W. E., Lucker, G. W., & Matthews, K. A. (1980). Making it in academic psychology: Demograhic and personality correlates of attainment. *Journal of Personality and Social Psychology, 39*, 896-908.

Helson, R., Roberts, B., Agronick, G. (1995). Enduringness and change in creative personality and the prediction of occupational creativity. *Journal of Personality and Social Psychology, 69*, 1173-1183.

Henderson, V., & Dweck, C. S. (1991). Adolescence and achievement. In S. Feldman & G. Elliott (Eds.), *At the threshold : Adolescent development.* Cambridge, MA : Harvard University Press.

Hennessey, B. A., & Amabile, T. M. (1988). The conditions of creativity. In R. J. Sternberg (Ed.), *The nature of creativity: Contemporary psychological perspectives* (pp. 11-38). Cambridge, UK: Cambridge University Press.

Herrnstein, R. J., & Murray, C. (1994). *The bell curve: Intelligence and class structure in American.* New York : Free Press.

Hess, R. D., and Azuma, M. (1991). Cultural support for schooling: Contrasts between Japan and the United States. *Educational Reseracher, 20*(9), 2-8.

Higgins, E. T. (1987). Self-discrepancy: A theory relating self and affect. *Psychological Review, 94*, 319-340.

Higgins, E. T., Bond, R., Klein, R., & Strauman, T. (1986). Self-discrepancies and emotional vulnerability: How magnitude, accessibility, and type of discrepancy influence affect. *Journal of Personality and Social Psychology, 51*, 5-15.

Ho, D. Y. F. (1986). Chinese patterns of socialization: A critical review. In M. H. Bond (Ed.), *The psychology of the Chinese people* (pp.1-37). Hong Kong: Oxford University Press.

Hogan, R. (1969). Development of an empathy scale.

Journal of Consulting and Clinical Psychology, 33, 307-316.

Hong, Y. (1994). *Predicting trait versus process inferences: The role of implicit theories.* Unpublished Ph.D. dissertation. Columbia University.

Hong, Y., Chiu, C., & Dweck, C. S. (1995). Implicit theories and self-confidence in achievement. In M. Kernis (Ed.), *Efficacy, agency and self-esteem* (pp.197-216) . New York: Plenum.

Hong, Y., Chiu, C., Dweck, C. S., & Sacks, R. (1997). Implicit theories and evaluative processes in person perception. *Journal of Experimental Social Psychology, 33,* 296-323.

Hong, Y., Chiu, C., Dweck, C. S., Lin, D. M., & Wan, W. (1997). *A test of implicit theory and self-confidence as predictors of responses to achievement challenges.* Manuscript submitted for publication.

HKU Careers Advisory Board Working Group on Core Competencies for Undergraduates (1997). *Reports on core competencies for undergraduates.* The University of Hong Kong.

Issacs, E. A., & Clark, H. H. (1987). References in conversation between experts and novices. *Journal of*

Experimental Psychology: General, 116, 26-37.

Jones, E. E., & Davis, K. E. (1965). From acts to dispositions: The attribution process in person perception. *Advances in Experimental Social Psychology, 2*, 219-266.

Jones, H. E., & Bayley, N. (1941). The Berkeley Growth Study. *Child Development, 12*, 167-173.

Kendon, A. (1967). Some functions of gaze-direction in social interaction. *Acta Psychologica, 26*, 22-63.

Kerr, W. A., & Speroff, B. J. (1947). *The empathy test.* Chicago: Psychometric Affiliation

Koestner, R., Ryan, R., Bernieri, F., & Holt, K. (1984). Setting limits on children's behavior: The differential effects of controlling vs. informational styles on intrinsic motivation and creativity. *Journal of Personality, 52*, 233-248.

Kohlberg, L., & Ryncarz, R. A. (1990). Beyond justice reasoning: Moral development and consideration of a seventh stage. In C. N. Alexander & E. J. Langer (Eds.), *Higher stages of human development* (pp. 191-207). New York: Oxford University Press.

Krauss, R. M., & Chiu, C. (1998). Language and social psychology. In D. Gilbert, S. Fiske-Emory & G.

Lindzey, (Eds.), *Handbook of social psychology* (4th ed., Vol. 2, pp. 41-88), New York: Guilford.

Krauss, R. M., & Glucksberg, S. (1977). Social and non-social speech. *Scientific American, 236*, 100-105.

Kravitz, D. A., & Wyer, R. S. Jr. (1979). The effects of behavioral intentions and consequences on judgments of the actor and other: An S-V-O analysis. *Journal of Personality and Social Psychology, 37*, 1561-1575.

Langer, E. J., & Piper, A. I. (1987). The prevention of mindlessness. *Journal of Personality and Social Psychology, 53*, 280-287.

Lave, J., Murtaugh, M., & de la Roche, O. (1984). The dialectic of arithmetic in grocery shopping. In B. Rogoff & J. Lave (Eds.), *Everyday cognition: Its development in social context* (pp. 67-94). Cambridge, MA: Harvard University Press.

Lee, Y-T., & Seligman, M. E. P. (1997). Are Americans more optimistic than the Chinese? *Personality and Social Psychology Bulletin, 23*, 32-40.

Lerner, M. J. (1980). *The belief in a just world.* New York: Plenum.

Lerner, M. J., & Simmons, C. H. (1966). The observer's reaction to "innocent victim": Compassion or rejection? *Journal of Personality and Social Psychology, 4*, 203-210.

Levy, S., Stroessner, S., & Dweck, C. S. (in press). Stereotype formation and endorsement: The role of implicit theories. *Journal of Personality and Social Psychology.*

Linville, P. W. (1985). Self-complexity and affective extremity: Don't put all of your eggs into one cognitive basket. *Social Cognition, 3*, 94-120.

Lynn, R. (1982). IQ in Japan and the United States shows a growing disparity. *Nature, 297*, 222-223.

Malmo, R. B. (1959). Activation: A neuropsychological dimension. *Psychological Review, 66*, 367-386.

Marton, F., & Saljo, R. (1976). On qualitative differences in learning- I: Outcome and process. *British Journal of Educational Psychology, 46*, 4-11.

Mayer, J. D., & Salovey, P. (1997). What is emotional intelligence? In P. Salovey & D. Sluyter (Eds.), *Emotional development an emotional intelligence: Implications for educators* (pp.3-31). New York: Basic Books.

McClelland, D. C. (1976). *A guide to job competency as-*

sessment. Boston: McBer.

McClelland, D. C., Atkinson, J. W., Clark, R. A., & Lowell, E. L. (1953). *The achievement motive.* New York: Appleton-Century-Crofts.

McGraw, K. M. (1985). Subjective probabilities and moral judgments. *Journal of Experimental Social Psychology, 21*, 501-518.

Mill, J. S. (1843/1974). *A system of logic ratiocinative and inductive.* Toronto, Ontario, Canada: University of Toronto Press.

Mischel, W., & Baker, N. (1975). Cognitive appraisals and transformations in delay behavior. *Journal of Personality and Social Psychology, 31*, 254-261.

Mischel, W., & Ebbesen, E. B. (1970). Attention in delay of gratification. *Journal of Personality and Social Psychology, 16*, 329-337.

Mischel, W., & Patterson, C. J. (1976). Substantive and structural elements of effective plans for self-control. *Journal of Personality and Social Psychology, 28*, 172-179.

Moore, B., Mischel, W., & Zeiss, A. (1976). Comparative effects of the reward stimulus and its cognitive representation in voluntary delay. *Journal of*

Personality and Social Psychology, 34, 419-424.

Mueller, C. M., & Dweck, C. S. (in press). Praise for intelligence can undermine children's motivation and performance. *Journal of Personality and Social Psychology.*

Murtaugh, M. (1985, Fall). The practice of arthimetic by American grocery shoppers. *Anthrology and Education Quarterly.*

Neisser, U. (1976). General, academic, and artificial intelligence. In L. Resnick (Ed.), *The nature of intelligence.* Hillsdale, NJ: Erlbaum.

Neisser, U., Boodoo, G., Bouchard, T. J. Jr., Boykin, A. W., Brody, N., Ceci, S. J., Halpern, D. F., Loehlin, J. C., Perloff, R., Sternberg, R. J., & Urbina, S. (1996). Intelligence: Knowns and unknowns. *American Psychologist, 51*, 77-101.

Nisbett, R. E., Fong, G. T., Lehman, D. R., & Cheng, P. W. (1987). Teaching reasoning. *Science, 238*, 625-631.

Nisbett, R. E., Krantz, D. H., Jepson, C., & Kunda, Z. (1983). The use of statistical heuristics in everyday inductive reasoning. *Psychological Review, 90*, 339-363.

Nolen-Hoeksema, S., Girgus, J. S., & Seligman, M. E. P. (1992). Predictors and consequences of childhood depressive symptoms: A 5-year longitudinal study. *Journal of Abnormal Psychology, 101*, 405-422.

Norem, J. K., & Cantor, N. (1990). Cognitive strategies, coping, and perceptions. In R. J. Sternberg & J. Kolligian Jr. (Eds.), *Competence considered* (pp. 190-204). New Haven: Yale University Press.

O'Sullivan, M., & Guilford, J. P. (1975). Six factors of behavioral cognition: Understanding other people. *Journal of Educational Measurement, 12*, 255-271.

Pat terson, C. J., & Mischel, W. (1976). Effects of temptation-inhibiting and task-facilitating plans on self-control. *Journal of Personality and Social Psychology, 33*, 209-217.

Peters, T. J., & Waterman, R. H. Jr. (1982). *In search of excellence: Lessons from America's best-run companies.* New York: Warner Books.

Piaget, J. (1965). *The moral judgment of the child* (M. Gabain Trans.). New York: Free Press.

Perkins, D. (1995). *Outsmarting IQ*. New York: The Free Press.

Rapoport, A. (1960). *Fights, games, and debates.* Ann

Arbor: University of Michigan Press.

Rotenberg, K. J. (1980). Children's use of intentionality in judgments of character and disposition. *Child Development*, *51*, 282-284.

Rudowicz, E., Lok, D., & Kitto, J. (1995). Use of the Torrance tests of creative thinking in an exploratory study of creativity in Hong Kong primary school children: A cross-cultural comparison. *International Journal of Psychology*, *30*, 417-430.

Sargent, H. D. (1953). *The insight test: A verbal projective test for personality*. New York: Grune & Stratton.

Schegloff, E. A. (1991). Conversation analysis and socially shared cognition. In L. B. Resnick, J. M. Levine & S. D. Teasley (Eds.), *Perspectives on socially shared cognition* (pp. 150-171). Washington, D.C.: American Psychological Association.

Scribner, S. (1984). Studying working intelligence. In B. Rogoff & J. Lave (Eds.), *Everyday cognition: Its development in social context* (pp. 9-40). Cambridge, MA: Harvard University Press.

Scribner, S. (1986). Thinking in action: Some characteristics of practical thought. In R. J. Sternberg, &

R. K. Wagner (Eds.), *Practical intelligence: Nature and origins of competence in the everyday world* (pp. 13-30). New York: Cambridge Unversity Press.

Schroeder, D. A., & Linder, D. E. (1976). Effects of actor's causal role, outcome severity, and knowledge of prior accidents upon attributions of responsibility. *Journal of Experimental Social Psychology, 12*, 340-356.

Schultz, D. P. (1965). *Sensory restriction: Effects on behavior*. New York: Academic Press.

Shaw, M. E., & Reitan, H. T. (1969). Attribution of responsibility as a basis for sanctioning behaviour. *British Journal of Social and Clinical Psychology, 8*, 217-226.

Shepard, R. (1988). The imagination of the scientist. In K. Egan & D. Dadamer (Eds.), *Imagination and education* (pp.153-185). Milton Keynes: Open University Press.

Shoda, Y., Mischel, W., & Peake, P. K. (1990). Predicting adolescent cognitive and social competence from preschool delay of gratification: Identifying diagnostic conditions. *Developmental Psychology, 26*, 978-986.

Shultz, T. R., Schleifer, M., & Altman, I. (1981). Judgments of causation, responsibility, and punishment in case of harm-doing. *Canadian Journal of Behavioral Science, 13*, 238-253.

Shweder, R., & Miller, J. G. (1985). The social construction of the person: How is it possible? In K. J. Kenneth & K. E. Davis (Eds.), *The social construction of the person* (pp. 41-69). New York: Springer-Verlag.

Simonton, D. K. (1997). Creative productivity: A predictive and explanatory model of career trajectories and landmarks. *Psychological Review, 104*, 66-89.

Snyder, M., & Swann, W. B. Jr. (1978). Hypothesis testing in social interaction. *Journal of Personality and Social Psychology, 36*, 1202-1212.

Sternberg, R. J. (1985). Implicit theories of intelligence, creativity, and wisdom. *Journal of Personality and Social Psychology, 49*, 607-627.

Sternberg, R. J. (1988). A three-facet model of creativity. In R. J. Sternberg (Ed.), *The nature of creativity: Contemporary psychological perspectives* (pp. 125-147). Cambridge, England: Cambridge University Press.

Sternberg, R. J. (1995). For whom the bell curve tolls: A review of Bell Curve. *Psychological Science, 6*, 257-261.

Sternberg, R. J. (1996). *Successful intelligence: How practical and creative intelligence determine success in life?* New York : Simon & Schuster.

Sternberg, R. J., & Caruso, D. (1985). Practical modes of knowing. In E. Eisner (Ed.), *Learning the ways of knowing* (pp.133-158). Chicago: University of Chicago Press.

Sternberg, R. J., & Detterman, D. K. (Eds.). (1986). *What is intelligence?* Norwood, NJ: Ablex Publishing Corporation.

Sternberg, R. J., & Lubart, T. I. (1996). Investing in creativity. *American Psychologist, 51*, 677-688.

Sternberg, R. J., & Smith, C. (1985). Social intelligence and decoding skills in nonverbal communication. *Social Cognition, 3*, 168-192.

Sternberg, R. J., Wagner, R. K., Williams, W. M., & Horvath, J. A. (1995). Testing common sense. *American Psychologist, 50*, 912-927.

Stevenson, H. W. & Stigler, J. W. (1992). *The learning gap*. New York : Summit Book.

Stevenson, H. W., Stigler, J. W., Lee, S. Y., Lucker, G. W., Kitamura, S., & Hsu, C. C. (1985). Cognitive performance and academic achievement of Japanese, Chinese, and American children. *Child Development, 56*, 718-734.

Su, S., Chiu, C., Hong, Y., Leung, K., Peng, K., & Morris, M. W. (in press). Self organization and social organization: American and Chinese constructions. In T. R. Tyler, R. Kramer & O. John (Eds.), *The psychology of the social self.* Mahway, NJ: Lawence Erlbaum.

Szymanski, K., & Harlcins, S. G. (1992). Self-evaluation and creativity. *Personality and Social Psychology Bulletin, 18*, 259-265.

Tetlock, P. E., Peterson, R. S., Berry, J. M. (1993). Flattering and unflattering personality portraits of integratively simple and complex managers. *Journal of Personality and Social Psychology, 64*, 500-511.

Thorndike, E. L. (1920). Intelligence and its use. *Harper's Magazine, 140*, 227-235.

Torrance, E. P. (1974). *Torrance tests of creative thinking.* Lexington, MA: Personnel Press.

Torrance, E. P. (1988). The nature of creativity as

manifest in its testing. In R. J. Sternberg (Ed.), *The nature of creativity: Contemporary psychological perspectives* (pp.43-75). Cambridge, England: Cambridge University Press.

Torrance, E. P. (1990). *Torrance Tests of Creative Thinking*. Bensenville, IL: Scholastic Testing Service, Inc.

Torrance, E. P., Gowan, J. C., Wu, J. J., & Aliotti, N. C. (1970). Creative functioning of monolingual children in Singapore. *Journal of Educational Psychology, 61*, 72-75.

Thorton, G. C., & Byham, W. C. (1982). *Assessment centers and managerial performance.* New York: Academic Press.

Tversky, A., & Kahneman, D. (1974). Judgment under uncertainty: Heuristics and biases. *Science, 185*, 1123-1131.

Tversky, A., & Kahneman, D. (1980). Causal schemas in judgments under uncertainty. In M. Fishbein (Ed.), *Progress in social psychology* (Vol. 1). Hillsdale, NJ: Erlbaum.

Tversky, A., & Kahneman, D. (1981). The framing of decisions and the psychology of choice. *Science, 211*, 453-458

Wagner, R. K. (1987). Tacit knowledge in everyday intelligent behavior. *Journal of Personality and Social Psychology*, *52*, 1236-1247.

Wagner, R. K., & Sternberg, R. J. (1985). Practical intelligence in real-world pursuits: The role of tacit knowledge. *Journal of Personality and Social Psychology*, *49*, 436-458.

Wagner, R. K., & Sternberg, R. J. (1991). *Tacit knowledge inventory for managers*. San Antonio. TX: Psychological Corporation.

Wason, P. C. (1981). The importance of cognitive illusions. *The Behavioral and Brain Sciences*, *4*, 356.

Weiner, B., & Peter, N. (1973). A cognitive-developmental analysis of achievement and moral judgments. *Developmental Psychology*, *9*, 290-309.

Williams, W. M., & Sternberg, R. J. (in press). *Success acts for managers*. Orlando, FL: Harcourt Press.

Wood, J. T. (1997). *Communication in our lives*. Belmont, CA: Wadsworth.

Zullow, H. M., & Seligman, M. E. P. (1990). Pessimistic rumination predicts defeat of presidential candidates, 1900 to 1984. *Psychological Inquiry*, *1*, 52-61.

心理出版社❖圖書目錄

※為1999年1月後新書

A.心理叢書

【一、心理學系列】

A1-001	認知心理學	鍾聖校著
A1-002	兒童認知發展	林美珍著
A1-004	發展心理學（修訂版）	蘇建文等著
A1-007	變態心理學（修訂版）	林天德著
A1-008	人格心理學	E.J.Phares著・林淑梨等譯
A1-009	組織心理學	陳彰儀著
A1-010	社會與人格發展（精裝）	D.R.Shaffer著・林翠湄譯
A1-011	學習與教學	R. M. Gagne著・趙居蓮譯
A1-012	心理衡鑑	M. P. Maloney & M. P. Warde著・許文耀總校閱
A1-014	青少年發展	李惠加著
A1-018	運動心理學論文集(第一集)	王俊明・季力康主編
A1-019	心理學	葉重新著
A1-020※	青少年心理學	王煥琛・柯華葳著

【二、一般心理系列】

A2-001	智力新探	魏美惠著
A2-002	心理測驗與統計方法（修訂版）	簡茂發著
A2-005	縱論發展心理學	蘇冬菊譯
A2-006	教師心理衛生	王以仁等著
A2-007	心理測驗的發展與應用	中國測驗學會主編
A2-008	華文社會的心理測驗	中國測驗學會主編
A2-009	現代測驗理論	王寶墉編著
A2-010	教育測驗與評量（附磁片）	余民寧著
A2-011	心理與教育測驗	周文欽等著
A2-012	壓力管理	J.S.Greenberg著・潘正德譯
A2-013	心理衛生與適應	王以仁等著
A2-014	多元才能—IQ以外的能力	趙志裕等著

【三、心理治療系列】

A3-001※ 藝術治療（第二版） 陸雅青著
A3-002 家族歷史與心理治療—家庭重塑實務篇 王行著
A3-004 遊戲治療—理論與實務 梁培勇著
A3-005 悲傷輔導與悲傷治療 J.W.Worden著・林方皓等譯
A3-006 結構派家族治療入門 Salvador Minuchin著・劉瓊瑛譯
A3-008 短期心理治療 林方皓等譯
A3-009 澗邊幽草—心理治療的藝術 王麗文著
A3-010 結構—策略取向家庭治療 楊連謙・董秀珠著
A3-011 再生之旅—藉再決定治療改變一生 M. Goulding & R. L. Goulding著・易之新譯
A3-012 遊戲治療與危機處理 Nancy Boyd Webb編・梁培勇總校閱
A3-013 戲劇治療—概念、理論與實務 Robert J. Landy著・王秋絨、吳芝儀校閱
C3-016 音樂治療與教育手冊 林貴美著
A3-014※ 結構派家族治療技術 Salvador Minuchin等著・劉瓊瑛譯
A3-015※ 人我之間—客體關係理論實務 N. G. Hamilton著・楊添圍・周仁宇譯

【四、心靈探索系列】

A4-001 理性情緒心理學入門 W. Dryden著・武自珍譯
A1-015 個人建構心理學入門—解讀你的心靈 V. Burr & T. Butt著・許慧玲譯
A1-016 心理動力心理學入門—通往潛意識的捷徑 Alessandra Lemma-Wright著・鄭彩娥・朱慧芬譯
A1-017 人本心理學入門—真誠關懷 Tony Merry著・鄭玄藏譯
A4-005 面對自己 D. Hamachek著・李淑娥譯

B.輔導叢書

【一、一般輔導系列】

B1-002 讓我們更快樂－理性情緒教育課程(學生手冊) 吳麗娟著
B1-003 讓我們更快樂－理性情緒教育課程(合訂本) 吳麗娟著
B1-004 國小怎樣實施輔導工作 吳武典著
B1-006 國中班級輔導活動實施設計(第一冊) 邱維城主編
B1-007 國中班級輔導活動實施設計(第二冊) 邱維城主編
B1-008 國中班級輔導活動實施設計(第三冊) 邱維城主編

B1-009	國中班級輔導活動實施設計(第四冊)	邱維城主編
B1-010	國中班級輔導活動實施設計(第五冊)	邱維城主編
B1-011	國中班級輔導活動實施設計(第六冊)	邱維城主編
B1-012	團體動力學	潘正德著
B1-013	最新國中輔導活動單元設計	吳武典等編撰
B1-015	諮商要素手冊	S.T.Meier等著．謝臥龍等譯
B1-016	青年的心理健康	黃堅厚著
B1-022	精神醫學是什麼？－對自己行為的瞭解	黃堅厚譯
B1-025	輔導原理	吳武典等著
B1-027	邁向21世紀輔導工作新紀元	中國輔導學會主編
B1-029	教育與輔導的發展取向	鄭崇趁著
B1-030	個案研究	陳李綢著
B1-031	個別輔導手冊	林幸台主編
B1-032	團體輔導手冊	吳武典主編
B1-033	成長營活動手冊	劉安屯主編
B1-034	偏差行為輔導與個案研究	林朝夫著
B1-035	輔導理論與實務－現況與展望	中國輔導學會主編
B1-036	認知發展與輔導	陳李綢著
B1-037	學習輔導－學習心理學的應用	李咏吟等著
B1-038	諮商工作實務	A.S.Zaro等著．陳金定編譯
B1-039	兒童虐待－如何發現與輔導[兒童虐待]家庭	黃惠玲等著
B1-041	諮商理論．技術與實務	潘正德編著
B1-043	認知過程的原理	L.Mann等著．黃慧真譯
B1-044	兒童諮商理論與技術(精裝)	葉貞屏等編譯
B1-045	兒童偏差行為的輔導與治療	陳東陞等著
B1-046	諮商倫理	楊瑞珠總校閱
B1-047	輔導原理與實務	馮觀富編著
B1-048	生涯發展與輔導	鍾思嘉校閱
B1-049	團體動力與團體輔導	徐西森著
B1-050	兒童輔導原理	王文秀等著
B1-051	大自然導師—自然在心理治療、諮商和教育上的運用	Linda L. Nebbe著．謝水南校閱
B1-052※	輔導學大趨勢	中國輔導學會主編
B1-053※	新新人類五大危機—綜合輔導策略	Mc Whirter等著．王寶墉譯
B1-054※	青少年生活壓力與輔導	鄭照順著

【二、社會工作系列】

B2-001	義工制度的理論與實施	吳美慧等著
B2-002	兒童與青少年團體工作	S.D.Rose等著・邱方晞等譯
B2-003	動機式晤談法	W.R.Miller等著・楊筱華譯
B2-004	老人福利服務	李開敏等譯
B2-005	社區學校化	中華民國社區教育學會主編
B2-006	組織結社—基層組織領導者手冊	陶蕃瀛譯
B2-024	成年觀護新趨勢	黃富源等著

C.教育叢書

【一、一般教育系列】

C1-001	教育與輔導的軌跡（修訂版）	鄭崇趁著
C1-002	教育理想的追求	黃政傑著
C1-004	教室管理	許慧玲編著
C1-005※	教師發問技巧（第二版）	張玉成著
C1-006	初等教育	陳迺臣等著
C1-007	教學媒體與教學新科技	張霄亭總校閱
C1-009	班級經營	吳清山等著
C1-010	教育哲學	陳迺臣著
C1-011	西洋教育哲學導論	陳照雄著
C1-012	社會教育活動方案設計	邱天助著
C1-013	健康教育－健康教學與研究	晏涵文著
C1-014	教育理念革新	黃政傑著
C1-015	家政課程研究	黃世鈺著
C1-016	教育計畫與評鑑（修訂版）	鄭崇趁著
C1-017	教育與心理論文索引彙編（二）	王仙霞等編著
C1-018	學校行政（精裝）	吳清山著
C1-019	開放社會的教育改革	歐用生著
C1-020	未來教育的理想與實踐	高敬文著
C1-021	國小體育實務	林貴福著
C1-022	教育老年學	邱天助著
C1-023※	教學媒體（第二版）	劉信吾著
C1-024	質的教育研究方法	黃瑞琴著
C1-025	道德教學法	謝明昆著

C1-026　中國儒家心理思想史（上下）　余書麟著
C1-027　生活教育與道德成長　毛連塭著
C1-028　學習理論與教學應用　B.Gredler著．吳幸宜譯
C1-029　國民小學社會科教材教法　盧富美著
C1-030　終生教育新論　黃振隆著
C1-031　知識與行動（精裝）（修訂版）　黃光國著
C1-032　教育計畫與教育發展　王文科著
C1-033　教育改革與教育發展策略　吳清山著
C1-034　邁向大學之路－各國的考試政策與實務　黃炳煌校閱
C1-035　班級經營—做個稱職的老師　鄭玉疊等著
C1-036　健康生活—健康教學的內涵　鄭雪霏等著
C1-037　孔子的哲學思想　李雄揮著
C1-038　兒童行為觀察法與應用　黃意舒著
C1-039　教育改革—理念、策略與措施　黃炳煌著
C1-040　教育哲學導論—人文、民主與教育　陳迺臣著
C1-041　成人教育的思想與實務—現代與後現代的論辯　王秋絨著
C1-042　初等教育—理論與實務　陳迺臣等著
C1-043　親職教育的原理與實務　林家興著
C1-044　社會中的心智　L. S. Vygotsky著．蔡敏玲．陳正乾譯
C1-045　教室言談　蔡敏玲譯
C1-046　國小班級經營　張秀敏著
C1-047　多元文化概述　李苹綺譯
C1-048　認知教學：理論與策略　李咏吟著
C1-049　談閱讀　Ken Goodman著．洪月女譯
C1-050※　二十世紀的成人教育思想家　Peter Jarvis編．王秋絨校閱
C1-051※　戲劇教學—啟動多彩的心
Norah Morgan & Juliana Saxton著．鄭黛瓊譯

【二、幼兒教育系列】

C2-001　幼兒教育之父—福祿貝爾　李園會著
C2-002　開放式幼兒活動設計　盧美貴著
C2-003　皮亞傑式兒童心理學與應用　John L. Phillips著．王文科編譯
C2-004　幼稚園的遊戲課程　黃瑞琴著
C2-005　幼稚園與托兒所行政　蔡春美等著
C2-006　學習環境的規畫與運用　戴文青著
C2-007　幼兒教育課程設計　陳淑琦著

C2-008	創作性兒童戲劇入門	B.T.Salisbury著·林玫君編譯
C2-009	嬰幼兒特殊教育	柯平順著
C2-010	幼兒數學新論－教材教法	周淑惠著
C2-011	幼兒發展評量與輔導	王珮玲著
C2-012	近代幼兒教育思潮	魏美惠著
C2-013	幼兒健康安全與營養	L.R.Marotz等著·黃惠美等譯
C2-014	兒童繪畫心理分析與輔導	范瓊方著
C2-016	幼兒全人教育	J.Hendrick著·幸曼玲校閱
C2-017	看圖學注音	林美女編著
C2-018	幼兒行為與輔導—幼兒行為改變技術	周天賜等譯
C2-019	幼兒自然科學經驗—教材教法	周淑惠著
C2-020	嬰幼兒遊戲與教具	吳文鶯·張翠娥著
C2-021	幼兒小組活動設計	楊淑朱著
C2-022	感覺整合與兒童發展—理論與應用	羅均令著
C2-023	幼兒教育史	翁麗芳著
C2-024	探索孩子心靈世界—方案教學的理論與實務	Katez & Chard著·陶英琪·陳穎涵譯
C2-025	幼兒教材教法	張翠娥著
C2-026	創意的音樂律動遊戲	黃麗卿著
C2-027	鷹架兒童的學習	L. E. Berk & A. Winsler著·谷瑞勉譯
C2-028※	探索身體資源—身體·真我·超我	漢菊德著
C2-029※	學齡前課程本位評量（使用手冊）	吳淑美編製
C2-030※	學齡前課程本位評量（題本）	吳淑美編製
C2-031※	學齡前課程本位評量（觀察指引及摘要表）	吳淑美編製
C2-032※	學齡前課程本位評量（側面圖）	吳淑美編製

【三、特殊教育系列】

C3-001	資優學生鑑定與輔導	中華民國特殊教育學會主編
C3-002	資優教育課程與教學	中華民國特殊教育學會主編
C3-003	資優學生創造力與特殊才能	中華民國特殊教育學會主編
C3-005	特殊教育課程與教學	中華民國特殊教育學會主編
C3-006	智能不足教育與輔導	中華民國特殊教育學會主編
C3-007	為障礙者開啟一扇門	張寧生著
C3-008	特殊教育的理念與做法	吳武典著
C3-009	綜合充實制資優教育	毛連塭著
C3-011	學習障礙兒童的成長與教育	毛連塭著

C3-012	**語言病理學基礎（第一卷）**	**曾進興主編**
C3-013	生活適應能力檢核手冊	王天苗著
C3-014	資優課程設計--有效的資優課程規畫方案	王文科編著
C3-015	智能不足者個別教育計畫	瑞復益智中心編著
C3-016	音樂治療與教育手冊	林貴美著
C3-017	資源教室的經營與管理	黃瑞珍著
C3-018	生命的挑戰	中華民國特殊教育學會主編
C3-020	特殊教育導論	王文科主編
C3-021	自閉症兒與教育治療	曹純瓊著
C3-022	單一受試研究法	J.W.Tawney等著・杜正治譯
C3-023	語言與聽力障礙之評估	中華民國聽力語言學會主編
C3-024	學習障礙者教育	洪儷瑜著
C3-026	語言病理學基礎第二卷	曾進興等著
C3-027	心智障礙者成果管理	A. Dykstra Jr.著・陳瑞苓譯
C3-028	中重度障礙者有效教學法：個別化重要技能模式	K. T. Holowach著・邱上真・陳靜江校閱
C3-029	學習障礙	高野清純著・陳瑞郎譯
C3-030	學前發展性課程評量(指導手冊)	林麗英編製
C3-031	學前發展性課程評量(題本)	林麗英編製
C3-032	學前發展性課程評量(側面圖)	林麗英編製
C3-033	資優教育的革新與展望	特教學會主編
C3-034	身心障礙教育的革新與展望	特教學會主編
C3-035	ADHD學生的教育與輔導	洪儷瑜著
C3-036※	學前融合班教學理念篇	吳淑美著
C3-037※	學前融合班教學策略篇	吳淑美著
C3-038※	學前融合班個別化教育方案之擬定與執行	吳淑美著
C3-039※	學前融合班教學手冊	吳淑美著
C3-040※	融合式學前特教班教學手冊	吳淑美著
C3-041※	資源教室方案	王振德著
C3-042※	障礙兒童的學習與發展	清野茂博等編著・邱紹春譯
C3-043※	個別化教育方案（IEP）執行手冊	吳淑美著
C3-044※	行為障礙症兒童的技巧訓練－父母與治療者執導手冊	Michael L. Bloomquist著・陳信昭・陳碧玲譯
C3-045※	學障兒童適性教材之設計	秦麗花著
C3-046※	如何擬定「個別化教育計畫」	林素貞著

【四、潛能開發系列】

C4-001	創造思考教學的理論與實際（修訂版）	陳龍安編著
C4-003	開發腦中金礦的教學策略	張玉成著
C4-007	創意的寫作教室	林建平編著
C4-009	數學動動腦－數學創造思考教學研究	陳龍安著
C4-013	二十位傑出發明家的生涯路	陳昭儀著
C4-014	思考技巧與教學	張玉成著
C4-016	創造性的問題解決法	郭有遹著
C4-017	瞭解創意人	J.Piiro著・陳昭儀等譯

【五、科學教育系列】

C5-001	國民小學自然科教材教法	王美芬等著
C5-002	科學學習心理學	熊召弟等譯
C5-003	親子100科學遊戲	陳忠照著
C5-004	趣味科學—家庭及教室適用的活動	C. Oppenheim著・江麗莉校閱・林翠湄譯

【六、親師關懷系列】

C6-001	專業的嬰幼兒照顧	楊婷舒著
C6-002	現代父母	敖韻玲著
C6-003	管教孩子的16高招(全四冊)	N.H.Azrin等編・吳武典主編
C6-004	兒童心理問題與對策	徐獨立著
C6-005	暫時隔離法	L.Clark著・魏美惠譯
C3-019	資優兒童親職教育	J.T.Webb著・盧雪梅編譯
C3-025	P.S.你沒有注意聽我說	E.Craig著・洪儷瑜等譯
C6-008	協助孩子出類拔萃	蔡典謨著
C6-009	給年輕的父母—談幼兒的心理和教育	陳瑞郎著
C6-010	青少年SEX疑惑Q&A	陳綠蓉・龔淑馨著
C6-011	家家都有藝術家—親子EQ與美學	黃美廉著
C6-012	成功的單親父母	鍾思嘉・趙梅如著
C6-013	親子關係一級棒	黃倫芬著
C6-014※	做個貼心好媽媽	平井信義著・施素筠譯

【七、通識教育系列】

C7-001	兩性、文化與社會	謝臥龍主編
C7-002	邏輯與哲學	H. Kahane & P. Tidman 原著・劉福增譯
C7-003	青少年與校園法律實用	李永然著
C7-004	哲學問題—及精采附集	B.Russell著・劉福增譯註解

C7-005	邏輯新論	V. Klenk著．劉福增編譯
C7-006	國畫技法與教學	吳長鵬著
C7-007	水墨造形遊戲	吳長鵬著
C7-008	心與腦	徐嘉宏等著

【八、兒童心理成長故事集】

第一輯	陪孩子提昇EQ的故事	洪儷瑜主編
C8-001	小小與心情王國	黃玲蘭著
C8-002	留級生教授	丁凡著
C8-003	最棒的過動兒	何善欣著
C8-004	快樂說晚安	趙映雪著
C8-005	全套（四冊）	

E.企管叢書

E1-001	組織訓練	I. L. Goldstein著．黃秉德校閱
E1-002	商業心理學	徐西森著

M.數學教育叢書

【一、數學教育系列】

M1-001※	數學教育的藝術與實務—另類教與學	林文生．鄔瑞香著

【二、生活數學系列】

M2-001	數學年夜飯	黃敏晃著

T.總經銷

T0-003	輔導行政	馮觀富編著
T0-008	壓力．失落的危機處理	馮觀富編著
T0-009	教育．心理．輔導精解（上中下）	馮觀富編著
T0-010	宗教的教育價值	陳迺臣著
T0-011	特殊教育的展望	山口薰．金子健著
T0-012	OFFICE 新知(4卷錄音帶)	董家儀主講
T0-013	OFFICE EQ(4卷錄音帶)	紀惟明主講
T0-014	原生家庭(6卷錄音帶)	紀惟明等主講
T0-015	性教育(2卷錄音帶)	林燕卿主講
T0-025	兒童權利公約	李園會編著

V.諮商實務有聲圖書

V1-011	諮商實務有聲圖書(一)全套(十卷，含學習手冊)	蕭文策畫

V1-012	學習手冊	蕭文策畫製作
V1-013	諮商技巧（二卷）	
V1-014	校園常見問題（二卷）	
V1-015	特殊個案處理（三卷）	
V1-016	教師輔導知能（三卷）	
V1-021※	諮商實務有聲圖書(二)全套(十卷，含學習手冊)	蕭文策畫
V1-022※	學習手冊	蕭文策畫製作

永然法律事務所聲明啟事

本法律事務所受心理出版社之委任爲常年法律顧問，就其所出版之系列著作物，代表聲明均係受合法權益之保障，他人若未經該出版社之同意，逕以不法行爲侵害著作權者，本所當依法追究，俾維護其權益，特此聲明。

永然法律事務所

李永然律師

一般心理 14

多元才能—IQ 以外的能力

作　　者：趙志裕、康螢儀、鄭思雅、賀蓓
執行主編：張毓如
總 編 輯：吳道愉
發 行 人：邱維城
出 版 者：心理出版社股份有限公司
社　　址：台北市和平東路二段 163 號 4 樓
總　　機：(02) 27069505
傳　　真：(02) 23254014
郵　　撥：19293172
E-mail：psychoco@ms15.hinet.net
駐美代表：Lisa Wu
Tel：973 546-5845　Fax：973 546-7651
法律顧問：李永然
登 記 證：局版北市業字第 1372 號
印 刷 者：翔勝印刷有限公司
初版一刷：1998 年 5 月
初版二刷：1999 年 8 月

定價：新台幣 280 元

ISBN 957-702-267-7

國家圖書館出版品預行編目資料

多元才能：IQ以外的能力 / 趙志裕等著.
--初版. --臺北市：心理，1998 [民87]
面； 公分. -- (一般心理；14)
參考書目：面
ISBN 957-702-267-7 (平裝)

1.才能

177 87005930

讀者意見回函卡

No.______　　　　　　　　　　　　　　　　　　填寫日期：　年　月　日

感謝您購買本公司出版品。為提升我們的服務品質，請惠填以下資料寄回本社【或傳眞(02)2325-4014】提供我們出書、修訂及辦活動之參考。您將不定期收到本公司最新出版及活動訊息。謝謝您！

姓名：____________________　性別：1□男 2□女

職業：1□教師 2□學生 3□上班族 4□家庭主婦 5□自由業 6□其他_____

學歷：1□博士 2□碩士 3□大學 4□專科 5□高中 6□國中 7□國中以下

服務單位：________________　部門：____________職稱：________

服務地址：______________________電話：________傳眞：________

住家地址：______________________電話：________傳眞：________

書名：____

一、您認為本書的優點：（可複選）

❶□內容 ❷□文筆 ❸□校對 ❹□編排 ❺□封面 ❻□其他______

二、您認為本書需再加強的地方：（可複選）

❶□內容 ❷□文筆 ❸□校對 ❹□編排 ❺□封面 ❻□其他_____

三、您購買本書的消息來源：（請單選）

❶□本公司 ❷□逛書局⇨______書局 ❸□老師或親友介紹

❹□書展⇨____書展 ❺□心理心雜誌 ❻□書評 ❼□其他______

四、您希望我們舉辦何種活動：（可複選）

❶□作者演講 ❷□研習會 ❸□研討會 ❹□書展 ❺□其他_________

五、您購買本書的原因：（可複選）

❶□對主題感興趣 ❷□上課教材⇨課程名稱__________________

❸□舉辦活動 ❹□其他________________

（請翻頁繼續）

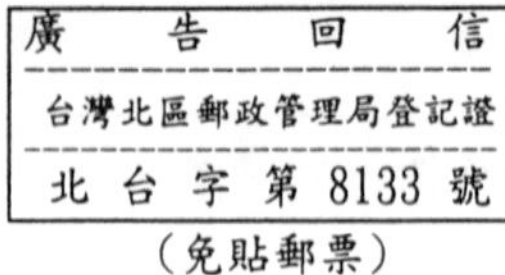

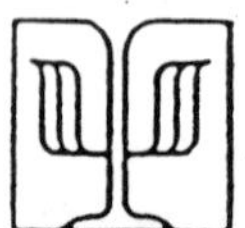

心理出版社有限公司
台北市106和平東路二段163號4樓

TEL:(02)2706-9505
FAX:(02)2325-4014
EMAIL:psychoco@ms15.hinet.net

沿線對折訂好後寄回

六、您希望我們多出版何種類型的書籍

❶□ 心理❷□ 輔導❸□ 教育❹□ 社工❺□ 測驗❻□ 其他

七、如果您是老師，是否有撰寫教科書的計劃：□ 有□ 無

書名/課程：______

八、您教授/修習的課程：

❶上學期：______

❷下學期：______

❸進修班：______

❹暑　假：______

❺寒　假：______

❻學分班：______

九、您的其他意見

______

謝謝您的指教！ A2014